さて、IFRSを導入する！

導入して気づく実務のポイント

新創監査法人
統括代表社員・公認会計士
柳澤 義一
Yanagisawa Giichi

新創監査法人
代表社員・公認会計士
相川 高志
Aikawa Takashi

公認会計士
企業会計基準委員会前副委員長
加藤 厚
Kato Atsushi

筑波大学大学院
ビジネス科学研究科教授
弥永 真生
Yanaga Masao

清文社

は　じ　め　に

　中堅・中小規模の会社こそ積極的に IFRS を導入しましょう。

　日本における IFRS 任意適用の会社は、株式時価総額に占める割合で約 20%（予定も含む）に達しており、ようやく形になってきた感じがします。しかしながら、会社数としては 87 社で、まだまだです。（平成 27 年 6 月現在）
　IFRS といっても特別なものではなく、一つの会計基準にすぎません。会社も我々も、長年にわたり、常に会計基準の変更の洗礼は受けてきました。そのたびにそれらを積極的にこなし、よりよい開示制度を目指して進んできたはずです。ところが IFRS の場合、まるで江戸時代末期の黒船のごとくの扱いで、「IFRS は勝手に解釈をしてはいけない」という言葉に過剰に反応して、「特別に研修、研究したものが担当しないとだめだ」と各社、各監査法人こぞって IFRS 対応班を作りました。そうして IFRS を神棚に祀り、通常の公認会計士では対応できない、従来の経理部では無理だ、という雰囲気を自ら作って、手に取っていじるようなことをしてはいけない存在にしてしまった気がします。
　私ども新創監査法人は、IFRS の任意適用をする中堅上場会社の監査を担当する機会を得て、四大監査法人以外では初の挑戦となりました。本書の執筆者である相川高志代表社員が中心となり、一から IFRS 適用に取り組みました。会社の理解も深く、相川を中心に監査法人の若手メンバーの頑張りもあり、予定

通りに監査も行うことができ、会社は問題なくIFRSを導入しました。

新創監査法人のような小規模な監査法人でもできたことから、より多くの会社、監査法人が「うちでもやってみよう」とIFRSに挑戦するきっかけになればと思い、IFRS導入の体験本を企画しました。私と相川で、第2編ではIFRS導入の実録、そして第3編では、実際にIFRS導入してみて気づいた点について、実務家の立場から体験を書いています。

また、日本においてIFRS導入の中心的な役割を背負ってこられた加藤　厚先生（公認会計士／企業会計基準委員会（ASBJ）前副委員長、現在、IFAC国際会計士倫理基準審議会（IESBA）ボードメンバー）と、筑波大学大学院ビジネス科学研究科教授の弥永真生先生のお二人は、長年にわたり友人としてお付き合いいただいていますが、本書の企画にご賛同いただき、応援団として執筆に加わっていただきました。お二人には本書の第1編「IFRSを巡る内外の動向と今後の展望」において、国際会計基準委員会設置以来、約40年間の世界の動向及び日本の動向を振り返り、現状分析とこれからの展望について執筆していただきました。

日本におけるIFRS導入はまだ緒に就いたばかりです。連単分離適用制度の弊害をはじめ、まだまだ多くの課題があります。IFRSが日本に根付くためには重厚長大な会社ばかりが適用してもだめだと思います。中堅中小規模の会社がIFRSを適用してこそ、そして私どものような普通の公認会計士や小規模な監査法人が携わってこそ、すそ野は広がるのであり、真のIFRS導入となるのではないでしょうか。私は、会計専門家はもっと積極的に

IFRSを自分のものとして取り組んでいかなくてはならないと感じています。

　本書が読者の皆様の一助になればこれ以上の幸甚はありません。

　最後に㈱清文社の橋詰守氏に感謝の意を表して、巻頭のご挨拶とさせていただきます。

平成27年7月吉日

執筆者代表　柳澤　義一
（新創監査法人統括代表社員・公認会計士・税理士）

■目次

はじめに

第1編
IFRSを巡る内外の動向と今後の展望

第1章
IFRSの意義と国際的展開 ……………… 2

1. 会計基準の国際的統一の必要性の認識 *2*
2. 国際会計基準策定の黎明期 *3*
3. 新しい時代へのIASB第1期の展開 *5*
4. 更なる発展を目指してのIASB第2期の展開 *6*
5. IFRS開発への日本の貢献 *8*
6. 米国とIFRSとの関係 *9*
7. 世界各国基準設定主体とIASBの協調関係 *12*

第2章
日本におけるIFRS導入の経緯 ……………… 21

1. 中間報告(ロードマップ)と任意適用の開始 *21*
2. 強制適用の是非判断の棚上げと任意適用の推進 *26*
3. 当面の方針 *29*
4. 連結財務諸表規則及び財務諸表等規則などの改正 *32*

5. 日本再生ビジョンと日本再興戦略　*39*
6. 経団連の取り組み等　*42*
7. IFRS 任意適用会社の増加　*44*

第3章
IFRS と日本基準との関係 ……………………… *45*

1. 東京合意とコンバージェンス・プロジェクト　*45*
2. EU による同等性評価と東京合意　*46*
3. ASBJ と IASB、FASB との定期協議　*55*
4. 単体検討会議　*57*
5. アドプションへのうねりとその問題点　*61*
6. 修正国際基準　*63*
7. 4 つの会計基準の併存は、どのように考えるべきか　*65*
8. 有価証券報告書提出会社は、どのように対応するのが賢明なのか　*68*

第4章
日本及び海外企業による IFRS 導入の実態 ………… *72*

1. 日本企業による IFRS 任意適用の実態　*72*
2. 世界各国における IFRS の適用状況　*74*
3. 米国における IFRS の適用状況　*82*
4. EU における強制適用　*84*
5. アジア、オセアニア地域における IFRS の適用状況　*85*

第5章
今後の IFRS のあり方と将来の展望 ………………… *89*

1. 日本における今後の展望　*89*
2. 米国における今後の展望　*93*

第2編

IFRS導入の実録

フェーズ1：IFRS導入のきっかけ　*100*
フェーズ2：会社の中に2つのプロジェクトチームの発足　*102*
フェーズ3：監査法人内でのミーティング　*102*
フェーズ4：監査法人内で表計算ソフトによる検証と開示事項の検討　*104*
フェーズ5：会社と監査人との検討会の実施　*106*
フェーズ6：大きな3つの論点の検討、退職給付債務、棚卸資産、そしてキャッシュ・フロー計算書　*108*
フェーズ7：IFRS適用の財務書類の監査の方法　*111*
フェーズ8：社内規定・マニュアルの整備　*112*
フェーズ9：四半期財務諸表監査への対応の検討　*113*
フェーズ10：単体決算をできるだけIFRSへ合わせたいが、まずは連結決算のIFRS適用に特化　*114*
フェーズ11：税務調整に関する検討会の実施　*116*
フェーズ12：IFRSに基づく財務諸表の作成と開示に関する検討会の実施　*117*
フェーズ13：会社による開示のひな型の作成　*118*
フェーズ14：会社による数値の入れ込み作業　*120*
フェーズ15：IFRS調整の監査は連結の一環で実施　*121*
最後に：導入し終わってみての全体の感想　*122*

第3編

IFRS導入してはじめてわかった実務上のポイント

第1章
IFRS導入手続のポイント ……………………………126

- Point 1 本書が対象として想定する会社のタイプとIFRS導入の作業工程 *126*
- Point 2 IFRS導入の検討 *130*
- Point 3 IFRS導入した場合のメリットの検討 *134*
- Point 4 IFRS導入による影響が大きい会社とは、影響が小さい会社とは *145*
- Point 5 IFRS導入のデメリットの検討 *156*
- Point 6 上場準備会社はIFRS導入に適している *161*
- Point 7 日本基準とIFRSとの差異分析とその調整上での留意点 *163*
- Point 8 個別財務諸表(単体決算)における日本基準の変更 *172*
- Point 9 経営管理はIFRSベースか、日本基準ベースか *179*
- Point10 会社としては、経営的な面からも連単分離はできるだけ避けたい *181*
- Point11 IFRS適用となって、監査法人の監査に対応する諸々の資料の作成はどうなるか *184*
- Point12 IFRS導入は、会社の内部統制に与える影響はどうか *187*
- Point13 日本基準とIFRSとの基準間差異が会社の利益に与える影響と差異調整の難易度別対応 *192*
- Point14 簡便的な処理の利用 *194*
- Point15 IFRS適用により財務指標等に与える影響を踏まえた検討事項 *197*
- Point16 導入スケジュールのシミュレーション時の注意点 *201*

Point17　IFRS導入にあたり、まずは社長をはじめ、各関係者としっかりと協議すべき　*205*

第2章
導入に際し、具体的な会計処理における主な検討ポイント　*217*

- Point 1　有形固定資産関係　*217*
- Point 2　棚卸資産関係　*227*
- Point 3　収益の計上　*231*
- Point 4　その他の資産、負債の論点　*238*
- Point 5　その他の論点：連結の範囲、企業結合、関連会社、後発事象　*246*

第3章
実感、上手に導入するための本音のポイント　*253*

- Point 1　IFRS導入のキーポイントは重要性、日本基準との差異について多くは重要性の判断が必要となる、IFRSには簡便法の規定がないため重要性の扱いが「重要」　*253*
- Point 2　IFRS導入をできるだけスムースに行うために、従来の会計処理の変更をできるだけ少なくしたいという要望　*264*
- Point 3　経営管理資料の作成は、日本基準かIFRSか　*266*
- Point 4　（考察）連結決算単体決算（連単）一致の制度を目指して、単体決算にもIFRS適用の柔軟な対応が望ましい　*271*
- Point 5　（おさらい）本書のおすすめタイプは、これっ！　*272*
- Point 6　IFRS調整仕訳の留意点　*276*
- Point 7　連結子会社におけるIFRS対応　*283*
- Point 8　いよいよ開示書類の作成、開示のひな型や注記は　*286*
- Point 9　四半期決算への対応、四半期決算の開示についてもあらかじめ検討しておく必要あり　*293*

Point10 　決算早期化のための工夫　*295*
Point11 　IFRS 適用に際し、求められる会社の対応能力、専門人材の育成はどうすべきか　*297*
Point12 　税務との関係　*306*
Point13 　IFRS に合わせた IT システム導入の検討と IT システム導入前にできる IFRS 調整の簡略化の工夫　*311*
Point14 　経理規程・マニュアルの改訂　*313*
Point15 　その他、会社内部のいろいろな現場の声を聞くのも大切　*317*

(注)

本書において IFRS という用語には、特に明記しない限り下記のものが含まれます。

- 国際財務報告基準 (IFRS)
- 国際財務報告基準解釈指針委員会 (IFRIC) の解釈指針
- 国際会計基準 (IAS)
- 解釈指針委員会 (SIC) の解釈指針

第1編
IFRSを巡る内外の動向と今後の展望

第1章
IFRSの意義と国際的展開

1. 会計基準の国際的統一の必要性の認識

　企業活動のグローバル化が進展するに従って、企業を取り巻くステークホルダーも国際的に広がりを見せるようになった。例えば、取引関係においては、企業の債権者や債務者は世界中に存在することになる。また、企業の資金調達も、海外の金融市場を通じて行われることが多くなり、それによって世界中の金融機関や債券・株式等に投資する投資家やアナリスト等が国際的に広がりを見せる。更には、企業に関与する監査人、法律家、規制当局も国内に限らず、国際的な関与が必要になってくる。そのような企業に採用される経営者や従業員は、その企業の国際的な経営状況や将来性に大きな関心を持つ。

　このように、企業を取り巻くステークホルダーが世界中に分布するような状況においては、企業の現状や将来性を把握する尺度の一つである財務諸表を作成する手段である会計基準は、世

界的に同じものを使う必要性が急速に高まってくる。例えば、親会社である日本の会社が使う日本基準で作成された財務諸表では、残念ながら国際的な視点から企業実態を把握するのは難しい。つまり、前述したような世界中に存在する海外のステークホルダーにとっては、企業が世界中で行う同じ取引については、世界中で同じ物差しとしての会計基準で測定されないと、企業実態の理解ができないばかりでなく、世界中の同業他者との比較による判断が行えないからである。

このような、企業活動のグローバル化を背景とした会計基準の国際的統一のニーズは、国際的に統一された国際会計基準を作る機関として、後述のように1973年の国際会計基準委員会（IASC）の設立という具体的な動きに結びついていく。そして、それは、現在の国際会計基準審議会（IASB）へと引き継がれて更に発展、拡大していくのである。

しかし、実務面における会計基準の国際的統一という高い理想の実現は、そう簡単なものでなく、国際会計基準委員会の設立から40年以上経った今でも紆余曲折を経ながら進展している状況である。これらの経緯についてはこの後の本編において、更に今後のIFRSのあり方と将来の展望については後記本編第5章において述べることとする。

2. 国際会計基準設定の黎明期

国際的に統一された会計基準を作るという考え方は、1973年6月に国際会計基準委員会（International Accounting Standards Committee: IASC）が設立されたことによって具体

な形として現れた。IASC は、当時の主要 9 ヵ国（日、米、英、仏、独、加、豪、オランダ、メキシコ）の会計士協会等の団体が設立したものである。

IASC は、国際会計基準（International Accounting Standards: IAS）を作り始めたが、あくまでも会計士協会の国際的な集まりといういわば職業会計士の専門家グループが、理論的に、任意にかつ自主的に作るものであり、加えて経済規模や環境の異なるたくさんの国や地域に利用されることを想定して作る必要があったため、IASC における IAS 策定の目的は、世界各国の会計基準の国際的調和化（International Harmonization）に置かれた。その結果として、IAS には、会計処理や開示の方法に選択肢が多く、各国の実務を拘束する会計基準としての規範性はあまり高くなかった。

それでも、実務において IAS を使う必要性の認識の高まりと、ヨーロッパを中心とした IAS を使いたいというニーズの高まりを受けて、証券監督者国際機構（International Organization of Securities Commission: IOSCO）[1]の当時の第一作業部会は、1993 年から、先進主要国の企業が国際金融市場において資金調達するに際して使用する会計基準として、IAS が IOSCO メンバー国の証券市場規制当局や証券取引所等が受け入れられるかどうかを決定するために、当時のすべての IAS を詳細に検討する作業に着手した。その結果として、2000 年 5 月にシドニーで開催された年次総会において、IOSCO は "IAS2000 基準書"（いわゆる「コア・スタンダード」と呼ばれる IAS の 1 組のセットとなる基準）の容認勧告決議を行った。これによって、実務において使われる国際会計基準が、一旦は確立されたものと

---

1) 先進主要各国の証券及び先物市場の規制当局や自主規制機関等のメンバーから構成され、国際金融市場に共通の問題等について協力・協議を行う任意の国際機関で、1986 年に設立された。

思われた[2]。しかし、次に述べるような新しい展開によって、結局この"IAS2000基準書"は実務おいて日の目を見ることはなかった。

3. 新しい時代へのIASB第1期の展開

　IOSCOによる"IAS2000基準書"の容認勧告決議に前後して、世界における経済・金融活動や企業活動のグローバル化は更に進展し、国際的に統一された会計基準の必要性の認識と、それは単なる理論ではなく、実務において実際に利用されるための規範性や拘束性の高いものであるべきであるという認識が、国際的に一段と高まっていった。そして、実務面における会計基準としての規範性をより高めるためには、IASCのような会計士協会の団体だけで任意に理論的に作るようなフレームワークではなく、広い領域における市場関係者が集まった枠組みを構築する必要性の認識によって、各国の有識者の集まりである戦略作業部会（Strategy Working Party）が編成されて検討を行った結果、1999年11月に新しい枠組みの提案（Recommendations on Shaping IASC for the Future by Strategy Working Party in November 1999）が行われた。

　この提案を受けて、2001年1月から新しい運営組織としてのIFRS（当初はIASC）財団（IFRS Foundation）が設立され、具体的な会計基準作りは、その中の国際会計基準審議会（International Accounting Standards Board: IASB）が担当することになった。

　新しい組織としてのIASBが目指す国際的な会計基準は、従

2）詳しくは、「新会計基準の完全解説〜IOSCOの影響と更なる制度改革の方向」加藤厚著、中央経済社、2001年

来のような、世界各国の会計基準の単なる国際的調和化よりも更に押し進めて、会計基準の国際的統一化（International Convergence）を目指すことを定款（Foundation）の目的として掲げた。

IASB の初代議長には、David Tweedie 氏が就任し、日本からは山田辰己氏が日本人のボードメンバーに就任した。これらの初代ボードメンバー達は、理想に燃えた IASB の黎明期において、公正価値会計やバランスシートアプローチを中心とした、最先端の国際会計基準を目指して、新しい基準の国際財務報告基準（International Financial Reporting Standards: IFRS）を次から次と作り、かつ 2000 年 5 月に IOSCO が容認勧告決議を行った "IAS2000 基準書"（コア・スタンダード）を含む従来の基準もほとんど作り直していった（改善プロジェクト）。

なお、IASC 時代に作られた IAS 及び解釈指針は、そのまま IASB に引き継がれた。

4. 更なる発展を目指しての IASB 第 2 期の展開

2011 年 6 月には、IASB 設立当初からの首脳陣であった D. Tweedie 議長、W.McGregor 理事、山田辰己理事達がこぞって任期満了退任し、後任として H.Hoogervorst 議長、I. Mackintosh 副議長及び日本からは鶯地隆継理事が就任して、IASB の第 2 期がスタートした。

第 2 期の首脳陣達は、第 1 期の黎明期にあまりにもたくさんの、しかも公正価値会計やバランスシートアプローチをベースとする理論性の高い新基準をいくつも作ったことに対して、実務的に

対応していくことが難しいとの世界的な批判を考慮し、IASBの今後3年間の戦略的方向性とアジェンダの選定に関する見解を広く市場関係者から聞くことにして、「アジェンダ・コンサルテーション 2011」を 2011 年 7 月に公表した。

同年 11 月の締切りまでに、250 通近いコメントが寄せられ、それらの分析の結果に基づき、2012 年 12 月 18 日に Feedback Statement を公表した。従来の基準設定の方向性を大きく転換し、新しい基準を作ることよりも、D.Tweedie 議長時代に手がけられた概念フレームワークを完成させることや、リサーチプロジェクト、適用後レビュー、実務における IFRS 適用上の問題解決、統一的な適用の促進等に力を入れていくこととした。なお、テクニカルプログラムの開発における優先順位の高いトピックスは次のように決められ、IASB は現在これらに取り組んでいる。

概念フレームワーク
構成要素、測定、表示(含、OCI)、開示(含、中間財務報告)、報告企業
優先順位の高い短期プロジェクト
・農業 - IAS第41号の改訂(果実生成型生物資産に関連する部分改定) ・料金規制事業 ・持分法 - 個別財務諸表におけるオプション(2005年に廃止)の復活
優先順位の高いリサーチ・プロジェクト
排出権、共通支配下の企業結合、割引率等の9プロジェクト

アジェンダ・コンサルテーションは 3 年ごとに実施されることになっており、次回は 2015 年が予定されている。

5.IFRS 開発への日本の貢献

　IASB が、IASC に代わる新体制として発足したのと同じ年の 2001 年 7 月に、日本でも民間組織としての会計基準設定主体である企業会計基準委員会（Accounting Standards Board of Japan: ASBJ）がスタートした。

　以来、ASBJ 及びその運営母体である公益財団法人財務会計基準機構（Financial Accounting Standards Foundation: FASF）は、IFRS 策定に関わるテクニカルな面のみならず、人材面や資金面等における IFRS 財団の運営面においても多大なる貢献をしてきた。

　特に、IFRS 開発におけるテクニカルな面においては、当初は IFRS と日本基準のハーモニゼーション（調和化）という緩い関係であったものが、2005 年 3 月からの IASB との定期協議の開始や 2007 年 8 月の東京合意の締結等を経て、両基準のコンバージェンス（統一化）へと進展して行った。その結果、日本基準のコンバージェンスはかなり進み、2008 年 12 月には、EC による同等性評価（詳しくは、後記本編第 3 章 2.を参照のこと）を得るまでに達した。しかし、2011 年 6 月に当時の自見金融担当大臣による方針転換が行われて以来、日本における IFRS 採用の流れは大きくトーンダウンしてしまい（詳しくは、後記本編第 2 章 2.を参照のこと）、その結果として、コンバージェンスはストップし、現在はエンドースメント手続が行われている。詳しくは、後記本編第 3 章 6.を参照のこと。

　また、人材面においては、日本は IFRS 財団及び IASB の発

足当初から、IFRS設定に直接関わるIASBの理事や解釈指針委員会委員を輩出しているのみならず、IFRS諮問会議、評議員会等に対しても人材を派遣して重要な役割を果たしている。また、数年来、ASBJからテクニカルスタッフ数人をIASBへ継続的に派遣しており、中には特定のプロジェクトの責任者的な役割を果たしているスタッフもいる。更には、金融庁はIFRS財団の公的監視機関であるモニタリング・ボードにおいて責任ある役割を果たしている。

また、IFRS財団に対しては、日本のFASFを通して、経団連、日本公認会計士協会、証券業関係、銀行・保険関係、商工会議所等関連する諸団体から、毎年多額の運営資金を拠出している。

更にはIFRS財団として初めての海外拠点であるサテライトオフィスが2013年10月に東京にオープンし、その事務所長は日本人が務め、多額の運営資金も日本が支援している。

日本は、以上のように、IFRSの基準開発面及びIFRS財団の運営面において多大なる貢献をしてきている。また、世界各国の会計基準設定主体や地域団体との交流や意見交換にも積極的に取り組み、リーダーシップを発揮している。詳しいことは、後述の7.を参照のこと。

6. 米国とIFRSとの関係

(1) IFRSと米国会計基準のコンバージェンス

2001年1月のIASB発足と同時に、米国はその活動に大きく貢献してきた。特に、IFRSと米国会計基準とのコンバージェン

スを図ることについてお互いに合意したことを明らかにするために、IASBと米国財務会計基準審議会（Financial Accounting Standards Board: FASB）は、「ノーウオーク合意」と呼ばれた覚書を2002年10月に取り交わした。更に、2006年2月には、特定の会計基準についてのコンバージェンスを最終的には2011年6月（当初は2008年）をターゲットとして完成させることを目指す合意書（Memorandum of Understanding: MoU）を取り交わした。

　このMoUプロジェクトの結果、企業結合、連結、退職給付、公正価値測定、その他の包括利益の表示等については、2011年6月までにほぼ完成させ、最近では2014年5月に新しい収益認識基準のコンバージェンスを達成した。しかし、改訂作業の途中まではコンバージェンスを図ってきた金融商品については、結局IASB独自の基準としてのIFRS9号「金融商品」を2014年7月に完成させた。また、現在IASBとFASBが共同で取り組んでいるリース会計基準の改訂は、現在のところ完全なコンバージェンスを図ることは難しい状況になっているし、当初共同プロジェクトとしてスタートした保険会計と概念フレームワークは、現在はIASB単独のプロジェクトとして進めている。このように、最近では、MoUを締結した当時とは異なり、IFRSと米国会計基準のコンバージェンスを達成するのが難しい状況になっているのが実態である。

（2）米国におけるIFRS採用の動き

　米国の証券取引委員会（Securities and Exchange Commission: SEC）は、2007年11月に、米国の証券取引所

に上場したり、一定の証券を発行する外国企業が使用する財務諸表にIFRSを適用する場合には、米国会計基準と自国会計基準との差異調整表を添付することを免除する制度を導入した。これに引き続き、SECは、2014年以降段階的に米国企業にもIFRSを適用することの是非を2011年に決定することを定めたロードマップ案を2008年11月に公表し、米国におけるIFRS適用熱が一気に高まった。しかし、その後経済環境の変化や政権交代等の状況変化があり、2011年には何も決定されず、ロードマップ案は実質的に立ち消えになってしまった。また、ロードマップ案が提案していた2009年度からの米国企業によるIFRSの任意適用も、結局は採用されないままになっている。

このような経緯は、企業会計審議会が2009年6月に「我が国における国際会計基準の取扱いに関する意見書（中間報告）」（いわゆる日本版ロードマップ）を公表して、日本におけるIFRSの任意適用更には強制適用の道筋が一旦は示され、IFRS適用に向けて日本中が盛り上がったのもつかの間、その後の政権交代による自見金融担当大臣（当時）によって方針が大きく変更された結果、現在は日本でもIFRS対応に関する不透明感が漂っているのと非常に良く似ている状況である（詳しくは、後記本編第2章を参照のこと）。

しかし、このような状況のため、米国はIFRS世界から完全に離れていくのではないかという懸念が一部であったが、2013年4月に新しく設立された各国会計基準設定主体グループとの協調機関である会計基準アドバイザリー・フォーラムにFASBが加入した（後述7.（3））ことにより、米国がIFRS世界から完全に離脱するという事態は当面避けられた。なお、米国における

IFRS採用の今後の展望については、後記本編第5章2.を参照のこと。

7. 世界各国基準設定主体とIASBの協調関係

(1) 複数国グループとの協調関係

　IFRSを設定するプロセスの中でIASBにとって重要なことは、各国・地域の会計基準設定主体とどのように協調していくべきかということである。なぜなら、IFRSは、国際的に認められた財務報告基準の単一のセットという位置づけであるので、世界各国・地域の会計基準設定主体の協力を得ながら、それらの意見も反映していく必要があるからである。

　そのような基本的な協調関係のあり方を紳士協定的に定めるために、IASBは2006年に各国・地域の会計基準設定主体グループ（National Standard Setters: NSS）との間でベスト・プラクテス・ステートメント（Statement of Best Practice）という文書を取り交わした。このNSSというグループは、現在は各国基準設定主体国際フォーラム（International Forum of Accounting Standard Setters: IFASS）と呼ばれており、IFRS開発等に関するテーマについて定期的にIASBと意見交換を行っている。

　その他にも、各地域の会計基準設定主体が、IFRSに関するそれぞれの協力関係を強めるためにグループを結成する動きが活発になってきている。例えば、アジア・オセアニア地域においては、日本のASBJが中心的な役割を果たして、2009年11月にアジア・オセアニア基準設定主体グループ（Asian-Oceanian

Standard-Setters Group: AOSSG）が設立されて、活発な活動を続けている。これに見習って、その後南米にはラテンアメリカ基準設定主体グループ（Group of Latin American Standard Setters: GLASS）が設立された。

上述の協調関係以外でも、例えば、世界会計基準設定主体（World Standard Setters: WSS）会議、日本・中国・韓国3ヵ国会計基準設定主体会議、IFRS地域政策フォーラム（Regional Policy Forum: RPF）等、各国・地域の会計基準設定主体や規制当局たちとの意見交換のスキームがたくさん存在する。

（2）個別国や特定地域との協調関係

前述のような、複数国グループとの協調関係とは別に、IASBは個別の国や特定の地域の基準設定主体との協調関係にもウエートを置いてきた。例えば、前述のように、日本のASBJとは2007年にいわゆる「東京合意」を締結し、米国のFASBとは2006年に合意書（MoU）を締結して、それぞれの国の会計基準とIFRSとのコンバージェンスについて個別に協議を行ってきた。その他にも、欧州財務報告諮問グループ（European Financial Reporting Advisory Group: EFRAG）や中国会計基準委員会（China Accounting Standards Committee: CASC）とも個別協議を行ってきた。

しかし、このような個別協議方式は、透明性に欠け、他の国々や地域にとって不公平な結果が生まれる可能性があるとの批判が高まってきた。その一つの例が、戦略投資といわれる特定の株式を公正価値で測定し、その結果の評価差額をその他包

括利益（OCI）に計上するという会計処理方法が、新しい金融商品会計基準（IFRS9 号）に導入されたことである。このような特別の処理が認められた背景には、主に日本特有の持ち合い株式を公正価値測定した結果の評価差額を直接純損益に計上することを避けることであり、一般にはそのために考え出された特例とみなされた。その結果、海外では、IASB と ASBJ との密室会議（Behind the closed door）において日本に有利な会計処理方法が導入されたとネガティブに受け止められ、従来の個別協議方式のあり方を見直す要因の一つにもなったと思われる。

　その他の主な要因としては、IASB の議長が、2011 年 7 月に D.Tweedie 氏から H.Hoogervorst 氏に代わったこと、前述の東京合意及び MoU が 2011 年 6 月に予定期間が満了したことにより日本と米国との個別協議が終了したこと等が挙げられる。

（3）新しい協調関係としての「会計基準アドバイザリー・フォーラム」を設置

① 背 景

　前述のように、批判が多かったインフォーマルな個別協議方式（Bilateral and informal relationship）から、複数の団体による公式の協議方式（Multilateral and formal relationship）に変えることの提案が、2012 年 11 月に IFRS 財団から行われた。このような提案がされた他の理由としては、従来は、せっかく新しい IFRS が出来上がっても、それを批准（エンドースメント）しなかったり、部分的に除外（カーブアウト）する国や地域があったので、そのようなことを避け

るためにも、この新しいスキームの下で各国・地域の意見を十分に協議する必要性が認識されたことである

そして、新しいスキームとして、会計基準アドバイザリー・フォーラム（Accounting Standards Advisory Forum: ASAF）が発足することになり、2013年4月8日に、ロンドンにおいて覚書（MoU）と取り決め（Terms of Reference）が調印された。

② ASAFの目的

MoUによると、ASAFの目的は次のような趣旨となっている。

- IFRS財団の目的を支援し、公益に資するよう、高品質で理解可能かつ執行可能（Enforceable）な国際的に認められた財務報告基準の単一のセットの開発に貢献すること
- 基準設定プロセスにおける各国会計基準設定主体及び地域団体とIASBの集合的な関係を公式なものにするとともに効率化すること
- 基準設定上の論点に関する効果的な専門的議論を促進すること

これらの目的の中で、「国際的に認められた財務報告基準の単一のセットの開発に貢献する」という目的に関しては、米国は抵抗感があったようである。最近の米国における会計基準関係者には、米国基準はIFRSと共に国際的な基準としても併存し、それらの比較可能性を高めるべきだというような趣旨の発言が目立っている。しかし、結局、米国もMoUにサイン

したが、このような目的は、G20の趣旨に則っているという判断があったものと思われる。

③ ASAFメンバーのコミットメント

また、ASAFメンバーは、次のような事項について確約する（Commit）ことが求められている。

- 公益に資するよう、高品質で理解可能かつ執行可能な国際的に認められた財務報告基準の単一のセットを開発するというIFRS財団の目的を支援し貢献すること
- IASBの技術的な基準設定活動に関して、自らの法域（または、地域）内での関係者からのインプットを促進すること
- 基準設定の経験と専門知識を有する代表者を任命し、技術的な資源をASAF会議への準備に配分し、実質的な技術的議論に積極的に参加すること等を含む、技術的資源を提供すること
- ASAFにおいて活発なメンバーとして行動するために、時間や旅費を含む必要な資源を提供すること
- IASBの独立性を尊重すること。具体的には、ASAFにおける議論がIASBの独立性及び誠実性、並びにIFRSの最終決定者となる債務を損なったり、それに異議を唱えたりしないことを確保する

当初の提案の中には、「ASAFメンバーは、全面的で修正無しのIFRSのエンドースメント／アドプションを徐々に促進するために最善の努力をすることにコミットする」が含まれていたが、日本を初めとした世界各国から、これは厳し過ぎるという反対の声が上がったため、結局削除された。特に、まだ強制

適用を決めていない日本と米国にとっては、これは厳し過ぎるコミットメントだと受けとめられた。

④ ASAF のメンバー

ASAFのメンバーは、世界における12の各国会計基準設定主体及び地域団体を代表する12名の個人となっている。これらのメンバーは、技術的な専門知識、経験、及び自らの法域（地域）内からの会計上の論点についての実務上の知識を有すること及びASAF並びにIASBの目的を果たすために、必要な人員及び資源を配分し投入することができ、かつそれを行う意思があることが求められる。

また、これらのメンバー構成は、2年ごとに見直しが行われる。その見直しにあたっては、当該法域の資本市場の規模、当該組織のIASBの基準設定への貢献、当該組織が利用可能な人的資源の規模と程度などが考慮される。この見直しの規準は、日本が提案したものがほとんどそのまま採用された。

最初のASAFメンバーは、下表のような構成になっている。

地　域	ＡＳＡＦメンバー
アフリカ	南アフリカ財務報告基準評議会
アジア・オセアニア	日本の企業会計基準委員会(ASBJ)
	オーストラリア会計基準審議会
	中国会計基準委員会
	アジア・オセアニア会計基準設定主体グループ(AOSSG)：香港公認会計士協会が代表
ヨーロッパ	ドイツ会計基準委員会
	欧州財務報告諮問グループ(EFRAG)
	スペイン会計監査協会
	英国財務報告評議会
アメリカ	ラテンアメリカ会計基準設定主体グループ(GLASS)
	カナダ会計基準審議会
	米国財務会計基準審議会(FASB)

　ASAFのメンバー議席数が12と提案されたことに対しては、少な過ぎるという強い意見が、公開草案に対するコメントとしてだけでなく、各種国際会議等の機会を通じても各国から寄せられた。例えば、現在のIASBボードメンバーと同じに16とすべき、あるいはG20と同じように20にすべきという意見もあった。しかし、結局最終的には12と確定されて、上記のメンバーが選ばれた。残念なのは、アジア・オセアニアにおいていち早くピュアーIFRSの強制適用に踏み切り、IASBにとっての優等生的な位置づけであることは自他共に認められていた韓国が選ばれなかったことである。また、会計基準設定主体国際フォーラム（IFASS）において、2006年に定めたIASBと各国基準設定主体との協力関係を定めたStatement of Best Practiceの見直しを進めたワーキング・ループのリーダー

を務めたフランスも選ばれなかったことも、予想外と受け止められた。以上のように、初回は、いろいろ物議をかもしたメンバー選びであったが、2年後のメンバー見直しの機会は、もうすぐやってくる（後述の⑥参照）。

⑤ ASAFの活動開始と今後の課題

ASAFは、年に4回会議を開くことになっており、2013年4月の第1回会議以来毎年定期的に行われている。現在のところの主要な議題は、前述のアジェンダ・コンサルテーション2011の結果、H.Hoogervorst議長等新首脳陣が率いるIASBが取り組むべき最も重要なプロジェクトと位置づけられた概念フレームワークである。

この概念フレームワークは、会計基準の基礎的な概念を定めるものであり、海外とは異なった経営実務や会計思考を持つ日本にとっては非常に重要なプロジェクトである。ASBJは、今までのところ、純利益という指標は非常に重要なので定義するべきである、その他の包括利益（OCI）はすべて純利益にリサイクルすべきである、公正価値測定の範囲が広過ぎる、等の趣旨を主張してきている。日本企業の多くが主張するこのような日本独特の意見を、独善ではなく他の国々や地域の賛同を得つつ、どのようにしてIASBに受け入れてもらえるように意見発信していくべきかが、今後のASBJに課された課題だと思われる。

また、ASAFに望まれるのは、会議において議論されたことが、どのようにIASBの基準開発プロセスに反映されたのか、会議報告等においてフィードバックを示すべきだと思われる。そうしないと、ASAFは、単なるガス抜き会議になってし

まうおそれがある。

⑥ ASAF メンバーの第 2 期目の改選

ASAF のメンバーは、2 年ごと（今後は、3 年ごと）に改選されることになっており、2015 年 6 月 24 日に IFRS 財団は 2 期目の新しいメンバーを下記のように公表した。[3]

地　域	ＡＳＡＦメンバー
アフリカ	南アフリカ財務報告基準評議会
アジア・オセアニア （「世界全体枠」1を含む）	アジア・オセアニア会計基準設定主体グループ(AOSSG) 日本の企業会計基準委員会(ASBJ) オーストラリア会計基準審議会(AASB)、ニュージーランド会計基準審議会(NZASB)と協働 中国会計基準委員会(CASC)
欧州 （「世界全体枠」1を含む）	欧州財務報告諮問グループ(EFRAG) ドイツ会計基準委員会(DRSC) フランス会計基準局(ANC) イタリア会計基準設定主体(OIC)
アメリカ大陸	ラテンアメリカ基準設定主体グループ(GLASS) カナダ会計基準審議会(AcSB) 米国財務会計基準審議会(FASB)

アジア・オセアニア会計基準設定主体グループ（AOSSG）の議長国は、現在の香港公認会計士協会に代わって、2015 年 11 月に韓国会計基準委員会（KASB）が就任して ASAF のメンバーにもなることが予定されている。これによって、予想外の初期メンバー外れと前述した韓国とフランスが、めでたく 2 回目のメンバーに選ばれたことになる。それに反して、今回は英国財務報告評議会がメンバーに入らなかったことが特記すべきことであろう。

なお、現在はメンバーの改選時期は 2 年ごとなのを、今後は 3 年ごとにするとのことである。

---

[3] IFRS 財団ホームページ・ウエッブサイト「IFRS Foundation Trustees announce new composition of ASAF」

第2章
日本における IFRS 導入の経緯

1. 中間報告（ロードマップ）と任意適用の開始

　当初、日本は、国内企業に国際会計基準（IAS/IFRS）の適用を認めたり、強制するという方向ではなく、日本の会計基準と IAS/IFRS とのコンバージェンスを図ることを志向していた（後述『IFRS と日本基準との関係』参照）。しかし、世界の趨勢は、IAS/IFRS そのものの適用を強制し、または許容するように思われるに至った。

　すなわち、EU は、2005 年 1 月からエンドースした IAS/IFRS によって連結計算書類の作成をすることを域内規制市場に上場している域内企業に要求するとともに、2009 年 1 月から IAS/IFRS またはこれと同等の基準により作成することを域内規制市場に上場している域外企業にも義務づけた。また、EU 構成国以外の国々でも、上場企業が IAS/IFRS を適用することを容認したり、上場企業の全部または一部にその適用を義務づけ

たりする国々が増加し、IAS/IFRS の適用は拡大をみせていた。

そして、何よりも、アメリカにおいては、EU において上場域内企業に対し IAS/IFRS による連結計算書類の作成が義務づけられたことなどを踏まえ、証券取引委員会（SEC）が、2005年4月に、アメリカの取引所に上場し、IAS/IFRS を適用している米国外企業の数値調整の廃止などを内容とする「ロードマップ」を公表し、2007年12月には、国外企業に対し、IAS/IFRS の使用を調整表なしに認める最終規則を公表し、2007年11月15日以降に終了する会計年度に関する財務報告から適用した。また、2008年11月には、米国企業に対して IAS/IFRS の適用を容認し、または強制するための「ロードマップ案」を公表し、一定の要件をみたす企業には、2010年初以降に提出される財務報告について IAS/IFRS の任意適用を認めるとともに、2014年以降、財務報告を提出する全企業に IAS/IFRS を段階的に強制適用することの是非について 2011 年までに決定することを提案していた。

そこで、企業会計審議会企画調整部会「我が国における国際会計基準の取扱いについて（中間報告）」（平成21年6月16日）（以下「中間報告」という）では、コンバージェンスは継続することを前提としつつ、IFRS の「任意適用の時期については、IFRS の国際的な広まりを踏まえると、企業及び市場の競争力強化の観点から、できるだけ早期に容認することが考えられ、具体的には 2010 年3月期の年度の財務諸表から IFRS の任意適用を認めることが適当である」とされ、これに沿って、連結財務諸表規則が改正され（「連結財務諸表の用語、様式及び作成方法に関する規則等の一部を改正する内閣府令」（平成 21 年12月

11日内閣府令第73号))、同93条は、一定の要件をみたす会社（特定会社[1]）について、連結財務諸表の用語、様式及び作成方法について指定国際会計基準に従うことができるものとした。なお、これを受けて、会社計算規則も改正され、連結財務諸表規則93条の規定により連結財務諸表の用語、様式及び作成方法について指定国際会計基準に従うことができるものとされた株式会社の作成すべき連結計算書類は、指定国際会計基準に従って作成することができるものとされた（会社計算規則120条）。

　他方、中間報告では、「我が国会計関係者が中長期的な展望を共有した上で、こうした様々な課題に取り組みつつIFRSの取扱いを検討する必要がある。その際、具体的な国際会計基準委員会財団（IASCF）のガバナンス改革の状況や米国の動向をはじめとする我が国の会計を取り巻く国際的な諸情勢には流動的な部分も多いことから、今後の状況変化に応じ柔軟に対応していくことが重要である。」とされ、強制適用の可否の判断との関連では、「IFRSは、前記の通り、世界各国で受け入れられつつあり、仮に米国も2014〜2016年にIFRSに移行することが現実となった場合には、国際的な金融資本市場の大半においてIFRSに基づいて財務報告が行われるという状況も想定される。また、同一市場において複数の会計基準が長期間にわたり併存することは、比較可能性の観点から望ましくないという意見も出されている。したがって、前記の内外の諸状況を十分に見極めつつ、我が国として将来を展望し、投資者に対する国際的に比較

---

1) なお、連結財務諸表規則の改正により、特定会社の子会社にも連結財務諸表を指定国際会計基準に従って作成することが認められたが（「連結財務諸表の用語、様式及び作成方法に関する規則等の一部を改正する内閣府令」（平成22年9月30日内閣府令第45号））、後述するように、「連結財務諸表の用語、様式及び作成方法に関する規則等の一部を改正する内閣府令」（平成25年10月28日内閣府令第70号）により、任意適用が認められる要件が緩和された際に、この規定は削除されている。

可能性の高い情報の提供、我が国金融資本市場の国際的競争力確保、我が国企業の円滑な資金調達の確保、我が国監査人の国際的プレゼンス確保、基準設定プロセスにおける我が国からの意見発信力の強化などの観点から、我が国においても IFRS を一定範囲の我が国企業に強制適用するとした場合の道筋を具体的に示し、前広に対応することが望ましい。」、「他方で、今後の諸情勢については不透明なところもあり、また、IFRS の強制適用については、…諸課題について、すべての市場関係者において十分な対応が進展していることが必要であり、諸課題の達成状況等について十分に見極めた上で、強制適用の是非も含め最終的な判断をすることが適当である。」としたうえで、「IFRS の強制適用の判断の時期については、とりあえず 2012 年を目途とすることが考えられる。」とされていた。

なお、適用を強制するという判断を、仮にした場合については、「IFRS による財務諸表の作成を強制する対象としては、現時点では、国際的な比較可能性を向上するという観点を踏まえれば、グローバルな投資の対象となる市場において取引されている上場企業の連結財務諸表を対象とすることが適当であると考えられる」とされ、「強制適用に当たっては、実務対応上必要な期間として、強制適用の判断時期から少なくとも 3 年の準備期間が必要になるものと考えられる（すなわち 2012 年に強制適用を判断する場合には、2015 年又は 2016 年に適用開始）」と指摘されていた。

ただし、「強制適用を判断するに当たって、IASB が作成する IFRS をそのまま適用するか、一部修正又は適用除外とするか否かについては、IFRS の内容、IFRS の基準設定の状況

（デュー・プロセスを含む）を見極める必要がある」とし、また、「強制適用については、会計基準は財務報告におけるいわばものさしとして、これに違反すれば法的な制裁も発動され得るという極めて重い意味を持つものであり、万が一 IASB が作成した IFRS に著しく適切でない部分があるため、我が国において「一般に公正妥当と認められる」会計基準とは認められない場合には、当局として、当該部分の適用を留保せざるを得ない場合があり得る。」と指摘されていた。

　そして、「個別財務諸表に任意適用を認めることについては、必ずしもその必要性は高くないものと考えられる」一方で、「個別財務諸表は、会社法上の分配可能額の計算や、法人税法上の課税所得の計算においても利用されており」、「仮に、IFRS を個別財務諸表に適用することを検討する場合には、これらの他の制度との関係の整理のための検討・調整の時間が必要となる」として、「少なくとも任意適用時において IFRS を連結財務諸表作成企業の個別財務諸表に適用せず、連結財務諸表のみに適用することを認めることが適当であると考えられる」とされていた。そして、「会社法・法人税法との関係の整理のための検討・調整が必要となることなどから、個別財務諸表への IFRS の適用には慎重な考え方もある」ことから、「上場企業の連結財務諸表への IFRS の適用に加えて、上場企業の個別財務諸表（連結財務諸表を作成していない企業のものを含む。）へ適用することについては、強制適用の是非を判断する際に、幅広い見地から検討を行う必要がある」と指摘していた。

2. 強制適用の是非判断の棚上げと任意適用の推進

(1) 自見金融担当大臣の指示

　中間報告の後は、IFRS の強制適用の是非、及び、仮に強制適用する場合の課題等についての検討が、少なくとも表面的にはなされていなかったこともあり、産業界から、2011 年 5 月に、「上場企業の連結財務諸表への IFRS の適用の是非を含めた制度設計の全体像について、国際情勢の分析・共有を踏まえて、早急に議論を開始すること」及び「全体の制度設計の結論を出すのに時間を要する場合には、産業界に不要な準備コストが発生しないよう、十分な準備期間（例えば 5 年）、猶予措置を設ける（米国基準による開示の引き続きの容認）こと等が必要」というような要望が出された。また、連合の『2012 年度重点政策』（2011 年 6 月）では、「上場会社の連結財務諸表に対して IFRS（国際財務報告基準・国際会計基準）を強制適用することを当面見送る方針を早期に明確にする。また、個別財務諸表に対する会計基準は、注記などによる透明性確保を前提に、日本の産業構造や企業活動の実態に照らして適切な事項のみをコンバージェンス（収れん）し、その結果として連結財務諸表と個別財務諸表の会計基準が異なることも許容する」ことが適切であることが挙げられていた。

　また、アメリカの SEC が、早期に米国企業に対し IFRS の適用を認めたり、強制する可能性は必ずしも高くはないという観察が広まったり、東日本大震災の日本経済への影響が不透明であるということも相まって、2011 年 6 月 21 日に、自見金融担当大

臣は、IFRSについて、「少なくとも2015年3月期についての強制適用は考えておらず、仮に強制適用する場合であってもその決定から5‐7年程度の十分な準備期間の設定を行うこと、2016年3月期で使用終了とされている米国基準での開示は使用期限を撤廃し、引き続き使用可能とする」こととするという方針を示した。

また、「IFRS適用については、「中間報告」において方向性が示されているが、上記の「中間報告」以降の変化と2010年3月期から任意適用が開始されている事実、EUによる同等性評価の進捗、東日本大震災の影響を踏まえつつ、さまざまな立場から追加の委員を加えた企業会計審議会総会・企画調整部会合同会議における議論を6月中に開始する。この議論に当たっては、会計基準が単なる技術論だけでなく、国における歴史、経済文化、風土を踏まえた企業のあり方、会社法、税制等の関連する制度、企業の国際競争力などと深い関わりがあることに注目し、さまざまな立場からの意見に広く耳を傾け、会計基準がこれらにもたらす影響を十分に検討し、同時に国内の動向や米国をはじめとする諸外国の状況等を十分に見極めながら総合的な成熟された議論が展開されることを望む。」と述べた。

（2）中間的論点整理

これをうけて、企業会計審議会及び同企画調整部会において、会計基準が多様な企業の経済活動や税法・会社法など周辺に存在する制度、金融・資本市場に与える影響等をも勘案しつつ、検討が進められ、2012年7月2日に「国際会計基準（IFRS）への対応のあり方についてのこれまでの議論（中間的論

---

2)＜http://www.fsa.go.jp/common/conference/danwa/20110621-1.html＞

点整理）」（以下「中間的論点整理」という）が公表されていた。

　中間的論点整理においては、「国際的な市場であるわが国資本市場で用いられる会計基準は、国際的に通用する高品質なものであることが必要である。また、会計基準の国際的な調和に向けた努力は継続する必要があり、日本基準を高品質化するような会計基準の変更については、前向きに対応することが適当である」とされる一方で、「IFRS の導入に関しては…わが国においても、国際情勢を踏まえつつ、わが国の制度や経済状況などに最もふさわしい対応が検討されるべきである」とされ、強制適用についての方向性は示されなかった[3]。

　もっとも、「わが国における IFRS 適用のあり方についての議論を深めるためには、まず、IFRS のどの基準・考え方がわが国にとって受け入れ可能であり、どの基準・考え方は難しいかを整理することが必要である。そのことは、国際的にわが国の立場を明らかにすることにも資するものである。」という指摘がなされている。そして、「任意適用会社拡大の普及活動を充実させることが先決ではないか。その後の普及状況を注視しつつ、一部の上場会社に絞った形での強制適用の是非を検討する選択肢もあるのではないか」、「まずは、なぜ任意適用会社が増えないのか、その原因等についてよく吟味する必要がある」などの意見があったとされている。

　他方、「単体財務諸表については、会社法、税法、その他の規制等との関連に配慮が必要となる。連単はあくまで一体が原則であるとの指摘もあるものの、既に連結での米国基準や IFRS の使用が許容されてきているように、連結会計基準の国際的な調和の過程において、いわゆる連単分離が許容されることが現

3）ただし、「現時点においては、上場企業や監査法人の実力・体制からみても、IFRS の強制適用の是非の判断対象となる企業は、相当絞られるべきである。一般の上場企業すべてにまで不要な負担を強いることがないよう配慮すべきである」という意見があったとされている。

実的であると考えられる」との整理がなされているものの、「連単分離の場合でも、収益認識など、単体への任意適用を認めないと実務が大変になるものがある」という指摘があったとされている。

3. 当面の方針

　企業会計審議会及び同企画調整部会においては、中間的論点整理の公表後も、検討が進められ、2013年6月19日に、「国際会計基準（IFRS）への対応のあり方に関する当面の方針」（以下「当面の方針」という）が公表された。
「当面の方針」では、アメリカにおいては、2012年7月にSECの最終スタッフ報告が公表されたが、IFRS適用の具体的な方向性やスケジュールに関する言及はなされなかったこと、その国・地域がIFRSの適用及び最終的な目標として単一かつ高品質なグローバルな会計基準が世界的に受け入れられよう推進することについて明確に確約していることがIFRS財団モニタリング・ボードのメンバー要件の一つとされているが、こうした確約は、当該国・地域が関連する資本市場において資金調達する企業の連結財務諸表にIFRSを強制適用するまたは任意適用を許容し、結果として実際にIFRSが広く一般的に適用されている、あるいはIFRSへの移行に関する決定をすでに行っており合理的な期間内に広く一般的に適用されるであろうという見込みにより裏付けられるとされたこと、2013年4月には、IASBと各国の会計基準設定主体との新しい連携の枠組みとして、ASBJを含む12ヵ国の会計基準設定主体等からなる会計基準アドバイザリー・フォー

ラム(ASAF)が設置されたこと、我が国におけるIFRS任意適用企業数は、2013年5月末時点では、適用公表企業を含め、20社となっていることなどの状況を踏まえて、取りまとめられた方針が示されている。

中間的論点整理と同様、「引き続き、会計基準の国際的な調和に向けた努力は継続する必要があり、日本基準を高品質化するような会計基準の変更については前向きに対応し、高品質な日本基準を維持していくことが重要である」としつつ、「IFRS策定への日本の発言権を確保していくことがとりわけ重要となる。そのためにも、IFRS財団への人的・資金的貢献を継続するとともに、…日本のIFRSへの態度をより明確にすることを検討していく必要がある。」と指摘した。もっとも、「現在のIFRSの内容については、基本的考え方として受け入れ難い項目や、日本の企業経営や事業活動の実態にそぐわず、導入コストが過大であると考えられる項目が一部存在し、また、IASBにおいて開発中の項目も存在することを念頭に置く必要がある。併せて、米国の動向など国際情勢に不確実性が存在することを十分に勘案する必要がある。」とも述べていた。

そして、「まずは、IFRSの任意適用の積上げを図ることが重要であると考えられる」として、IFRSへの対応の当面の方針として、「任意適用要件の緩和」、「IFRSの適用の方法」(これについての詳細は、後述『第3章 IFRSと日本基準との関係』参照)及び「単体開示の簡素化」を示した。

すなわち、「任意適用要件の緩和」としては、「IFRSの任意適用要件のうち、上場していること、国際的な財務活動・事業活動を行っていることという要件を撤廃したとしても、IFRSによ

る連結財務諸表の適正性確保への取組・体制整備という要件が充たされているのであれば、財務諸表の質が低下することはないと考えられる。また、会計基準が収斂していく過程で、一時的に異なる基準を適用する企業が存在することは許容せざるを得ないとの指摘もある」こと「を踏まえ、IFRSの任意適用要件のうち、IFRSに基づいて作成する連結財務諸表の適正性を確保する取組・体制整備の要件は維持することとし、「上場企業」及び「国際的な財務活動・事業活動」の要件は撤廃することとすべきである。」とした。

　他方、「単体開示の簡素化」については、「金商法適用会社は、会社法においても連結計算書類と（単体）計算書類の両方の作成が義務づけられているが、金商法において会社法の要求内容と別の内容の単体財務諸表の作成を求めることは、作成者である企業にとって二重の負担になると考えられる。」として、(1)貸借対照表、損益計算書及び株主資本等変動計算書（本表）に関しては、大多数の企業が経団連モデルを使用している状況を踏まえれば、会社法の計算書類と金商法の財務諸表とでは開示水準が大きく異ならないため、会社法の要求水準に統一することを基本とする、(2)注記、附属明細表、主な資産及び負債の内容に関しては、会社法の計算書類と金商法の財務諸表とで開示水準が大きく異ならない項目については会社法の要求水準に統一することを基本とし、金商法の連結財務諸表において十分な情報が開示されている場合には、金商法の単体ベースの開示を免除することを基本とするが、上記以外の項目については、その有用性、財務諸表等利用者のニーズ、作成コスト、国際的整合性、監査上の観点等を斟酌したうえで、従来通りの開示が必要

か否かについて検討すべきであると提言した。

また、(3)「単体開示の簡素化に当たっては、単体開示の情報が少なくなることへの懸念に対応しつつ、金商法の単体財務諸表と会社法の（単体）計算書類の統一を図る観点から、例えば、連結財務諸表におけるセグメント情報の充実や、注記等の記載内容を非財務情報として開示することなどについて検討すべきである」、(4)「単体開示のみの会社については、連結財務諸表の作成負担がなく、単体の簡素化に伴い代替する連結財務諸表の情報もないため、仮にこういった会社に対してまで簡素化を行うとした場合には、連結財務諸表を作成している会社との間で情報量の格差が生じてしまうおそれがある。したがって、単体開示のみの会社については基本的に見直しを行うべきではない」という考え方を示した。

なお、「我が国におけるIFRSの強制適用の是非等については、上記のような諸情勢を勘案すると、未だその判断をすべき状況にないものと考えられる。この点については、今後、任意適用企業数の推移も含め今回の措置の達成状況を検証・確認する一方で、米国の動向及びIFRSの基準開発の状況等の国際的な情勢を見極めながら、関係者による議論を行っていくことが適当である。なお、仮に強制適用を行うこととなった場合には、十分な準備期間を設ける必要がある。」としていた。

4. 連結財務諸表規則及び財務諸表等規則などの改正

（1）任意適用できる会社の範囲の拡大

「当面の方針」をうけて、まず、平成25年10月28日に「連結

財務諸表の用語、様式及び作成方法に関する規則等の一部を改正する内閣府令の一部を改正する内閣府令」（平成25年内閣府令第70号）が公布された。これによる改正後連結財務諸表規則1条の2は、有価証券届出書または有価証券報告書において、「連結財務諸表の適正性を確保するための特段の取組みに係る記載を行っていること」及び「指定国際会計基準に関する十分な知識を有する役員又は使用人を置いており、指定国際会計基準に基づいて連結財務諸表を適正に作成することができる体制を整備していること」という2つの要件をみたせば、指定国際会計基準に基づいて連結財務諸表を作成することができると定めている（改正後の四半期連結財務諸表規則1条の2、中間連結財務諸表規則1条の2は、四半期連結財務諸表、中間連結財務諸表を指定国際基準に基づいて作成することが認められる会社について、財務諸表等規則1条の2、四半期財務諸表規則1条の2、中間財務諸表規則1条の2は、日本基準に従って作成した財務諸表、四半期財務諸表、中間財務諸表のほかに指定国際会計基準に基づいてそれらを作成することが認められる会社について、それぞれ、同様の要件のみを定めている）。

　上場会社に限られないことになり、実際にも、例えば、すかいらーくがIFRSに基づく連結財務諸表を含む新規上場申請のための有価証券報告書を提出した。[4]

　なお、例えば、連結財務諸表規則93条は、指定国際会計基準とは、国際会計基準のうち、公正かつ適正な手続の下に作成及び公表が行われたものと認められ、公正妥当な企業会計の基準として認められることが見込まれるものとして金融庁長官が定めるものをいうとし、国際会計基準とは、国際的に共通した企

---

4) <http://www.tse.or.jp/listing/ifrs/b7gje6000004jhqq-att/b7gje6000004u58k.pdf>

業会計の基準として使用されることを目的とした企業会計の基準についての調査研究及び作成を業として行う団体であって、連結財務諸表規則1条3項各号に掲げる要件のすべてを満たすものが作成及び公表を行った企業会計の基準のうち、金融庁長官が定めるものをいうと定めている。

（2）単体開示の簡素化

平成26年3月26日に、「財務諸表等の用語、様式及び作成方法に関する規則等の一部を改正する内閣府令」（平成26年内閣府令19号）などが公布された。

① 連結財務諸表を作成している会社の特例

連結財務諸表を作成している会社のうち、会計監査人設置会社（別記事業会社等を除く）は、「特例財務諸表提出会社」とされ、会社法の要求水準に合わせた新たな財務諸表の様式によること、一定の項目については、会社計算規則の定めに従って注記できることとされた。なお、この場合には、特例財務諸表提出会社に該当する旨、及び、特例財務諸表提出会社の特例により作成している旨を記載しなければならない。なお、「当面の方針」で提案されていた「セグメント情報の充実」に対応する新たな要求は導入されていない。

① 財務諸表の様式（改正後財務諸表等規則127条1項）

会社法の要求水準に合わせるため、財務諸表の様式が新たに規定された。

項　目	様　式
貸借対照表	様式第五号の二
損益計算書	様式第六号の二
株主資本等変動計算書	様式第七号の二
有形固定資産等明細表	様式第十一号の二
引当金明細表	様式第十四号の二

② 会社計算規則の注記の準用（改正後財務諸表等規則127条2項）

以下の項目については、会社計算規則が定める注記をもって財務諸表の注記を行うことができるものとされた。

項　目	財務諸表等規則	会社計算規則
重要な会計方針の注記	8条の2	101条
表示方法の変更に関する注記	8条の3の4	102条の3第1項
会計上の見積りの変更に関する注記	8条の3の5	102条の4
親会社株式の表示及び注記	18条、32条の2	103条9号
関係会社に対する資産・負債の注記	39条、55条	103条6号
担保資産の注記	43条	103条1号
偶発債務の注記	58条	103条5号
関係会社に係る損益計算書項目の注記	74条、88条、91条、94条	104条

② 連結財務諸表を作成している場合における(単体)財務諸表に係る注記の免除

　以下の項目については、財務諸表提出会社が連結財務諸表を作成している場合には、記載を要しないものとされた。

項　目	財務諸表等規則
リース取引に関する注記	財務諸表等規則8条の6、平成19年内閣府令第65号附則9条3項
事業分離における分離元企業の注記	財務諸表等規則8条の23
資産除去債務に関する注記	財務諸表等規則8条の28
資産から直接控除した引当金の注記	財務諸表等規則20条、34条
資産から直接控除した減価償却累計額の注記	財務諸表等規則26条
減損損失累計額の注記	財務諸表等規則26条の2
事業用土地の再評価に関する注記	財務諸表等規則42条
たな卸資産及び工事損失引当金の表示(注記含む)	財務諸表等規則54条の4
企業結合に係る特定勘定の注記	財務諸表等規則56条
一株当たり純資産額の注記	財務諸表等規則68条の4
工事損失引当金繰入額の注記	財務諸表等規則76条の2
たな卸資産の帳簿価額の切下げに関する記載	財務諸表等規則80条
研究開発費の注記	財務諸表等規則86条
減損損失の注記	財務諸表等規則95条の3の2
企業結合に係る特定勘定の取崩益の注記	財務諸表等規則95条の3の3
一株当たり当期純損益金額に関する注記	財務諸表等規則95条の5の2
潜在株式調整後一株当たり当期純利益金額に関する注記	財務諸表等規則95条の5の3
自己株式に関する注記	107条

③ 注記項目の削除

以下の注記は個別的には要求されないことになった。

項　目	改正前財務諸表等規則
固定資産の再評価に関する注記	42条
配当制限に関する注記	68条の2

項　目	改正前 財務諸表等規則	改正後 財務諸表等規則
● 貸借対照表 ● 流動資産その他 ● 固定資産(有形、無形、その他投資)その他 ● 未払配当金又は期限経過未償還社債 ● 流動負債その他 ● 固定負債その他 ● 関係会社に対する資産の注記 ● 関係会社に対する負債の注記	総資産または 負債及び 純資産の1%超	総資産または 負債及び 純資産の5%超
損益計算書 販売費及び一般管理費の注記	販売費及び 一般管理費合計 の5%超	販売費及び 一般管理費合計 の10%超

④ 区分掲記に係る重要性基準

　貸借対照表ならびに販売費及び一般管理費等の区分掲記に係る重要性の規準が、連結財務諸表規則と同様の規準によるものとされた。

　なお、財務諸表等規則ガイドラインも同時に見直された。

⑤ 製造原価明細書の開示免除

　連結財務諸表につきセグメント情報を注記している場合に

は、製造原価明細書を掲げることを要しないこととされた（改正後財務諸表等規則75条2項、改正後開示府令第二号様式記載上の注意（69）b）。

⑥ 主な資産及び負債の内容の開示免除

連結財務諸表を作成している場合には、主な資産及び負債の内容の記載を省略できることとされた（改正後開示府令第二号様式記載上の注意（73））。

⑦ 有価証券明細表の開示免除

別記事業会社等を除く財務諸表提出会社（金融商品取引法24条1項1号または2号に掲げる有価証券の発行者に限る）については、有価証券明細表の作成が不要とされた（改正後財規121条3項）。なお、連結財務諸表を作成している場合に、社債明細表、借入金等明細表、資産除去債務明細表の作成を要しないとする規定については、別記事業会社等を除くものとされている（改正後財務諸表等規則121条4項）。

⑧ 被合併会社の個別財務諸表の開示要求の廃止

財務諸表との関連で求められていた被合併会社の個別財務諸表の開示（改正前開示府令第二号様式記載上の注意（67）e、第三号様式記載上の注意（47）eなど）については、開示を要しないものとされた（項目の削除）。

5. 日本再生ビジョンと日本再興戦略

(1) 日本再生ビジョン

　自由民主党日本経済再生本部は、2014年5月23日に、「日本再生ビジョン」を公表した。

　そこでは、2013年に策定された「日本再興戦略」では、「日本を世界で最もビジネスがしやすい場所にすることを掲げ、海外からの対内直接投資の倍増をも具体的な目標とした。また、国際先端テストなどを通じて、日本企業を縛る規制やルールを国際水準にそろえることで、日本のガラパゴス化を防ぎ、グローバルに通用する企業及び人材の育成を図る、という明確な方針も示している。コーポレートガバナンスや、会計基準を含む企業情報の開示ルールを早急に国際水準にそろえることが重要である。」として、以下のような提言がなされていた（「4.日本再生のための金融抜本改革」、「(5)会計基準等、企業の国際化、ルールの国際水準への統一」）。

① 会計における「単一で高品質な国際基準」策定への明確なコミットの再確認

　我が国においては、会計基準を国際的に通用する単一の基準に統一していくことが必要であるとしたうえで、2013年6月に自民党が公表した「国際会計基準への対応についての提言」では、「集中投資促進期間」のできるだけ早い時期に、我が国としての国際財務報告基準（IFRS）の強制適用の是非や適用に関するタイムスケジュールを決定するよう、各方面

からの意見を聴取し、議論を深めることを求めており、政府は、タイムスケジュールの決定に向けて具体的作業を早急に始めるべきである。

② IFRS の任意適用企業の拡大促進

　2016 年の IFRS 財団モニタリング・ボードのメンバー定期見直し後もメンバーとしての責任を果たし、IFRS の基準策定に日本として発言権を維持するためには、要件として課されている IFRS の「顕著な適用」が不可欠なことから、自民党・企業会計小委員会が昨年 6 月にまとめた提言では、2016 年末までに 300 社程度の企業が IFRS を適用する状態にすることが求められており、政府は、その実現に向けてあらゆる対策を検討し、実行に移すとともに、積極的に環境整備に取り組むべきである。

③ JPX 新指数に採用された企業への働きかけ

　JPX 日経インデックス 400 では、社外取締役や IFRS は「加点項目」とされたものの、それぞれの導入を強力に促進するにはやや力不足であるから、今後、日本証券取引所においては、当該指数銘柄に採用された企業に関しては、社外取締役や IFRS 導入動向状況をモニターし、全体として十分な進展がみられない場合、当該企業への働きかけや、それらの加点割合を増加させる等、一層の促進策の検討を行うべきである。

④ 東証上場規則における企業の IFRS に関する考え方の説明の促進及び「IFRS 適用レポート（仮称）」の作成

　上場企業に対し、IFRS の適用に関する基本的な考え方（例えば、IFRS の適用を検討しているか、検討している場合は検討状況等）について、投資家に説明することを東証上場規則によって促すことを提案する。また、IFRS の任意適用会社が IFRS 移行時の課題をどのように乗り越えたのか、また、移行によるメリットには、どのようなものがあったのか、等について、実態調査・ヒアリングを行い、未だ IFRS への移行を逡巡している企業の参考としてもらうため、金融庁において「IFRS 適用レポート（仮称）」として公表し、移行を検討中の企業の後押しを行うべきである。

（2）「日本再興戦略」改訂 2014

　2014 年 6 月 24 日には、「日本再生ビジョン」を踏まえて、「日本再興戦略」改訂 2014─未来への挑戦─が公表された。ここでは、金融・資本市場の活性化のための具体的施策として、IFRS の任意適用企業の拡大促進が掲げられた。具体的には、① 2008 年の G20 首脳宣言において示された、会計における「単一で高品質な国際基準を策定する」との目標の実現に向け、IFRS の任意適用企業の拡大促進に努めるものとする、②従来進めてきた施策に加え、IFRS の任意適用企業が IFRS 移行時の課題をどのように乗り越えたのか、また、移行によるメリットにどのようなものがあったのか、等について、実態調査・ヒアリングを行い、IFRS への移行を検討している企業の参考とするため、「IFRS 適用レポート（仮称）」として公表するなどの対応を

進める、③上場企業に対し、会計基準の選択に関する基本的な考え方（例えば、IFRS の適用を検討しているかなど）について、投資家に説明するよう東京証券取引所から促すこととする、とされている。

（3）IFRS 適用レポート

　金融庁は、IFRS への移行を検討する企業の参考とするため、IFRS 移行に際しての課題やメリットなどについて、IFRS 任意適用企業（適用予定企業を含む）69 社へのアンケート（回答企業は 65 社）及び 28 社に対してのヒアリングを行い、2015 年 4 月 15 日に、IFRS 適用レポートを取りまとめ、公表した。

6. 経団連の取り組み等

　「当面の方針」では、「IFRS の適用に際しての実務的な不確実性を緩和するための取組みについては、引き続き、関係者が協力して適切に対応していく必要がある」と指摘されていたが、日本経済団体連合会 IFRS 実務対応検討会『IFRS 任意適用に関する実務対応参考事例』（2014 年 1 月 15 日）（以下「実務対応参考事例」という）が公表されている。すなわち、経団連企業会計委員会企画部会では、任意適用を開始している企業ならびに任意適用に向けた具体的な検討を開始している企業の有志からなる「IFRS 実務対応検討会」を 2012 年 8 月に設置し、IFRS 適用にあたっての各社の対応事例を整理し、とりまとめるという作業をしてきたが、その成果として、『実務対応参考事例』が公開されている。これは、企業が今後、任意適用するか

どうかの判断、及び、仮に任意適用するとした場合の課題の検討にあたって参考になると思われる。

また、『実務対応参考事例』では、IFRS 導入の「対外的な観点での意義として、グローバルな視点での競合他社との比較可能性の向上（投資家の利便性向上、市場における適切な評価の獲得）や、国際的な資本市場における資金調達手段の多様化を挙げる企業が多かった」、「EU による同等性評価において一定の評価を得ているとはいえ、国際的に十分に浸透していない日本基準を使い続けることへの将来的なリスク回避や、国内外の M&A において、米国 SEC への Form-F4 による届出が必要となった際の迅速な対応の必要性を挙げる企業もあった」、「IFRS を任意適用している企業からは、社内的に IFRS 適用の目的が十分に浸透した後に適用開始したことから、導入前後において大きな混乱はなく、投資家からも好意的な反応を受け、導入当初としては一定の効果が得られたとの意見があった」と指摘されている。

IFRS 導入の内部管理上の観点からの意義としては、「各社とも IFRS を適用した場合、並行して内部管理にも IFRS を活用することを検討している」、「グループ全体で IFRS を活用、会計基準を統一することにより、財務情報の品質向上、ガバナンス強化、グループ全体の業務効率化に寄与すると考える企業が多かった」、「対外的な指標と内部管理上の指標を統一することにより、社外へのコミットメントを意識した事業運営、予算管理を促すと同時に、二重コスト負担の排除を目指す企業も多かった」と述べられている。

この内部管理上の意義は、例えば、企業会計審議会総会及

び同企画調整部会がヨーロッパを調査した際のインタビューで指摘されていた意義とも共通する。[5]

7. IFRS 任意適用会社の増加

　日本経済団体連合会 IFRS 実務対応検討会『IFRS 任意適用に関する実務対応参考事例』では、「IFRS の任意適用予定及び積極的に検討している企業は、少なくとも 60 社程度と推定される。(2013 年 2 月現在経団連事務局推計。経団連検討会参加企業及び最近の新聞等で紹介のあった企業等) 東証一部時価総額上位 50 社のうち約 4 割の企業が検討を行っていると考えられる」と指摘されていた。

　他方、日本取引所グループの調査によれば、東京証券取引所に上場している会社 (上場承認済会社などを含む) のうち、IFRS 任意適用・任意適用予定会社は平成 27 年 6 月 1 日現在で、87 社となっている。詳しくは、後記本編第 4 章 1. を参照のこと。

　「企業内容等の開示に関する内閣府令等の一部を改正する内閣府令」(平成 26 年 8 月 20 日内閣府令第 57 号) により、非上場会社が初めて提出する有価証券届出書に IFRS に準拠して作成した連結財務諸表を掲げる場合には、最近連結会計年度分 (比較情報を含む) のみの記載で足りるとされた (開示府令第 2 号の 4 様式)。

---

[5]『IFRS に関する欧州調査出張 (フランス・ドイツ・EFRAG) 調査報告書』
　<http://www.fsa.go.jp/singi/singi_kigyou/siryou/soukai/20120217/04a.pdf> 参照。

第3章
IFRSと日本基準との関係

1. 東京合意とコンバージェンス・プロジェクト

　たしかに、いわゆる会計ビックバンとして、企業会計審議会が公表する会計基準はアメリカの会計基準及び国際会計基準を踏まえ、それらとの調和化を図ったものとなっていた。しかし、国際会計基準審議会（IASB）とアメリカの財務会計基準審議会（FASB）の間のいわゆる「ノーウォーク合意」（2002年）以降、IAS/IFRSとアメリカの会計基準（USGAAP）とのコンバージェンスに向けた動きが加速したこと、及び欧州連合（EU）において上場会社の連結計算書類はIAS/IFRSに従って作成することが要求され、EUがEU域外諸国の会計基準がIAS/IFRSと同等であると認められるかどうかを評価（同等性評価）することとしたことを背景として、企業会計基準委員会（ASBJ）とIASBとの間でコンバージェンスに向けた合意がなされた。これを背景として、企業会計審議会企画調整部会も、

2006年7月に、「会計基準のコンバージェンスに向けて（意見書）」を公表し、関係者が一丸となって会計基準のコンバージェンスを進めていくことを確認・要請した。

2.EUによる同等性評価と東京合意

（1）目論見書指令と透明性指令

　EUは、2005年1月1日以降に開始される事業年度から、国際的な会計基準に従って連結財務諸表を作成することを域内上場企業に要求することを内容とする国際会計基準の適用に関する規則（Regulation (EC) No.1606/2002 of the European Parliament and of the Council of 19 July 202 on the application of international accounting standards, OJ L 243, 11.9.2002）（IAS規則）のほか、目論見書指令（Directive 2003/71/EC of the European Parliament and of the Council of 4 November on the prospectus to be published when securities are offered to the public or admitted to trading and amending Directive 2001/34/EC, OJ L 345, 31.12.2003）及び透明性指令（Directive 2004/109/EC of the European Parliament and of the Council of 15 December 2004 on the harmonisation of transparency requirements in relation to information about issuers whose securities are admitted to trading on a regulated market and amending Directive 2001/34/EC, OJ L 390, 31.12.2004）を採択した。

　発行開示に係る目論見書指令は、域内上場企業にIAS規則

等に準拠した情報開示を要求するとともに (10条)、域外企業が域内市場で資金調達する場合には、当該域外企業の目論見書が証券監督者国際機構 (IOSCO) のディスクロージャー基準を始めとする監督当局の国際的な組織によって定められた国際基準に従って作成されており、かつ、財務情報を含む記載すべき情報が目論見書指令の求めるものとおおむね同等であることを要求した (20条)。

また、継続開示に係る透明性指令も、域内市場で資金調達する企業にIAS規則に準拠した連結財務諸表の作成・開示を要求したが (4条)、域外企業が準拠する本国基準等がIASと同等性を有する場合にはその適用を免除した (23条)。

この結果、域内市場で資金調達するEU域外の証券発行者には、IASまたはIASと同等の本国基準 (第三国会計基準) に従って財務諸表を作成することが義務づけられた。また、欧州委員会はEU域外の国 (第三国) の会計基準の同等性を評価するメカニズムを設けなければならないこととされた。そこで、欧州委員会は、2004年6月に、欧州証券規制当局委員会 (CESR) に対し、米国会計基準、日本会計基準及びカナダ会計基準の同等性評価について、技術的助言を行うよう求めた。

(2) 概念ペーパーの公表

CESRは、2004年10月に、同等性の意義、同等性の技術的評価の方法、対象となる基準の範囲等に関する概念ペーパー案を公表し、それに対して寄せられた意見や公聴会における意見を踏まえて、2005年2月に概念ペーパーを公表したが、この概念ペーパーでは、第三国の会計基準とIASとの同等性につい

て、以下のような方針を示した

① 同等性の意義
「同等」とは基準が同一である（identical）ことを意味するのではなく、第三国の会計基準に従った財務諸表に基づき、投資家がIASで作成された財務諸表に基づく場合と類似した（similar）投資判断が可能な場合には、「同等」ということができる。

② 3つの一般原則の検討
第三国の会計基準が目的適合性、理解可能性、信頼性及び比較可能性という特性を備え、IASと類似の項目をカバーし、かつ、IASと同一の目的（投資家の意思決定に有用な情報を提供するという目的）を有していることが必要であるとされた。

③ 技術的評価
2005年1月1日時点で適用されているIASと第三国会計基準の全体について、技術的評価を実施し、分析はEU及び当該第三国の金融・会計関係者によって、実務上、共通して見出され、または知られている重要な相違に限定して行う。

④ 評価結果に基づく対応
「同等」である場合は、調整は不要であるが、IASと第三国相違が幅広く、根本的で重要な場合、すなわち、「同等でない」場合には修正再表示が求められる。中間的なケースの場

合には、補完措置（remedies）を求めるものとし、差異の重要性に応じ、追加的開示、調整計算書または補完計算書のいずれかの措置を講ずることを求める。

⑤ 早期通知メカニズム

CESR は、欧州委員会から 2005 年 1 月 1 日以降における早期通知メカニズム（会計基準の変更を EU 当局に通知するメカニズム）に関する助言を求められており、補完措置が求められる場合には、同等性について定期的に再評価することが適当である。

（3）技術的助言と 26 項目の補完措置

CESR は、概念ペーパーに示した方針に従い、米国基準、日本基準及びカナダ基準が IAS と同等であるかどうかについて、技術的評価を実施し、2005 年 4 月に、助言案を公表し、公聴会も開催した上で、それを踏まえて、同年 7 月に、欧州委員会に対する技術的助言を公表した。

CESR の助言は、日本基準は、IAS と「全体として同等」であるとしつつ、一定の補完措置を要求した。日本基準と IAS との間に、重要な相違が認められ、補完措置の対象となる項目は 26 項目であるとされた。そして、補完措置としては、1．開示 A として、第三国基準によってすでに提供されている定性的・定量的開示を拡充、2．開示 B として、事象・取引を IAS に従って会計処理した場合における定量的影響の表示、3．補完計算書として、仮定計算ベースの要約財務諸表の作成の 3 つが示されたが、具体的には、それぞれの相違項目について、以下のよう

な補完措置が求められるとされていた。

① 開示A
- 株式報酬（IFRS 2）
- 取得原価での少数株主持分（IFRS 3）
- 段階的取得（IFRS 3）
- 異常危険準備金（IFRS 4）
- 工事契約（IAS 11）
- 不良債権（IAS 12、IAS 30）（開示がなされている場合を除く）
- 資産の除去債務に関する費用（IAS 16）
- 従業員給付（IAS 19）
- のれんの換算（IAS 21）
- デリバティブの公正価値（IAS 32）
- 減損の戻入（IAS 36）
- 廃棄費用（IAS 37）
- 投資不動産（IAS 40）

② 開示B
- 株式報酬（IFRS 2）
- 交換日（IFRS 3）
- 取得した研究開発費（IFRS 3）
- 負ののれん（IFRS 3）
- 後入先出法の使用及び原価法（IAS 2）
- 会計方針の統一（IAS 28）
- 減損テスト－割引前将来キャッシュフロー（IAS 36）

○ 開発費用の資産化 (IAS 38)
○ 農業 (IAS 41)

③ 補完計算書
○ 持分プーリング法 (IFRS 3)
○ 連結の範囲 (支配の定義－適格 SPE) (IAS 27)
○ 会計方針の統一 (IAS 27)

ただし、金融商品 (IAS 39) は将来の課題とされ、開示 A の補完措置が求められる可能性があるとされていた。

当初のスケジュールでは、欧州委員会は、CESR の助言を受け、2005 年末または 2006 年初めまでに同等性について決定するとされていたが、2005 年 4 月に米国証券取引委員会 (SEC) から IFRS 受け入れのロードマップが公表されたこと等を受けて、2006 年 4 月に、欧州委員会は、同等性の決定を延期するために規則改定案を公表した。そして、FASB と IASB との間の覚書 (MoU) の公表や、IFRS の採用国の増加等、世界的なコンバージェンスの進展に鑑み、同等性の結論を 2 年延期して、その間のコンバージェンスの進展を促すのが望ましいとして、最終的には、同年 12 月に、同等性評価の延期決定に関する規則が制定された。[1]

この同等性評価の延期決定に関する規則では、以下のように定められた。

---

1) Commission Regulation (EC) No 1787/2006 of 4 December 2006 amending Commission Regulation (EC) 809/2004 implementing Directive 2003/71/EC of the European Parliament and of the Council as regards information contained in prospectuses as well as the format, incorporation by reference and publication of such prospectuses and dissemination of advertisements, OJ L337, 5.12.2006, p.17.

① 2009年1月1月までは、EU域内において、補完措置を講ずることなく、日本基準、米国基準又はカナダ基準を使用することを認める。
② 日本基準、米国基準及びカナダ基準については、欧州委員会は、2007年4月1日までに、当該国の会計基準設定者等の作業工程表に関し、最初の報告書を策定し、欧州証券委員会及び欧州議会に提出する。
③ 日本、米国及びカナダ以外の第三国の会計基準についても、会計基準設定者等が、会計基準のコンバージェンスについて公約し、作業工程表を策定している場合には、2年間に限り財務情報のIASへの調整表作成義務等を免除する。また、これらの第三国のコンバージェンスの進展、及び調整措置の義務の解消に向けた進展について、欧州委員会は、欧州証券委員会と欧州議会に対して定期的に報告することが求められる。
④ 欧州委員会は、2008年4月1日までに、日本基準、米国基準、カナダ基準及びその他の第三国の会計基準について、コンバージェンスの進展、及び第三国の規則の下で欧州企業に適用される調整措置の義務の解消に向けた進展について、CESRとの協議を踏まえ、欧州証券委員会と欧州議会に対して報告する。
⑤ 欧州委員会は、2008年1月1日までに、同等性の定義及び同等性評価のメカニズムを構築し、それらに基づき、2009年1月1日の少なくとも6ヵ月前までに、第三国の会計基準に関する同等性評価の決定を行うようにする。これに先立ち、欧州委員会は、同等性の定義の適切性、同等

性評価の仕組み及び同等性の決定に際して、CESR と協議を行う。

これをうけて、CESR は 2007 年 6 月に第三国会計基準同等性評価に係るメカニズムの助言を公表した[2]。このような EU による我が国の会計基準の同等性評価作業に対応するため、ASBJ は、2007 年 8 月に、IASB との間で IFRS とのコンバージェンスの取組みに係る「東京合意」を行い、公表した。「東京合意」は、①EU の同等性評価における重要な差異（26 項目）については、原則として、2008 年中に解消、②同等性評価における重要な差異以外の既存の差異については、2011 年 6 月末までに解消、③当時、IASB が検討中の会計基準のうち、2011 年 6 月末以降に適用される会計基準については、その新基準適用時に我が国において国際的なアプローチが受け入れられるよう緊密に作業を行うことを内容としていた。

結局、CESR は、2008 年 3 月に、中国、日本及び米国の会計基準の同等性評価に係る最終助言を公表したが、日本の会計基準については、ASBJ と IASB が公表した「東京合意」に示された予定通りコンバージェンスの作業が進捗していれば、IFRS と同等である旨の意見が表明された。なお、会計基準設定主体間のコンバージェンスの進展、及び、アメリカ証券取引委員会が外国企業による IFRS の財務諸表に対する調整表作成義務を撤廃したことを背景として、最終助言では、「ある時点における会計基準間の差異を特定する」という、従来のアプローチではなく、

---

[2] 欧州委員会は、これに沿って、規則 (Commission Regulation (EC) No 1569/2007 of 21 December 2007 establishing a mechanism for the determination of equivalence of accounting standards applied by third country issuers of securities pursuant to Directives 2003/71/EC and 2004/109/EC of the European Parliament and of the Council, OJ L340, 12.2007, p.66) を制定した。

「ホリスティック・アプローチ」によっていた。ここでいうホリスティック・アプローチとは、基準間に差異がかりに残っていたとしても、それらの差異の解消を目的とした基準設定主体間における合理的なコンバージェンス・プログラムが存在し、かつ、そのプログラムが確実に実行されていると評価できるのであれば、全体として「同等」であると評価できるというものである。

その後、このようなCESRの助言に基づいて、2008年4月に、欧州委員会は、第三国会計基準に関する報告を[3]、同年6月には規則案を[4]、それぞれ公表した。これをうけた、欧州議会等での決議を経て、同年12月12日に欧州委員会は、日本の会計基準はIAS規則によってEUが採択したIFRSと同等であると決定した[5]。この結果、日本企業は、2009年以降も、日本基準に準拠して作成された財務諸表を用いて欧州市場に上場を続けることができることとなった。

なお、我が国においては、ASBJを中心として、東京合意に沿ったプロジェクト計画表に沿ってコンバージェンス—というよりは、我が国の基準をIAS/IFRSに一方的に合わせたというほう

---

3) Report on convergence between International Financial Reporting Standards (IFRS) and third country national Generally Accepted Accounting Principles (GAAPs) and on the progress towards the elimination of reconciliation requirements that apply to Community issuers under the rules of these third countries, 22 April 2008.
4) Proposal for a Commission Decision ../.../EC of [...] on the use by third countries' issuers of securities of certain third country's national accounting standards and international financial reporting standards to prepare their consolidated financial statements, 2.6.2008.
5) certain third country's national accounting standards and international financial reporting standards to prepare their consolidated financial statements, 2.6.2008.
  2008/961/EC: Commission Decision of 12 December 2008 on the use by third countries' issuers of securities of certain third country's national accounting standards and International Financial Reporting Standards to prepare their consolidated financial statements, OJ L 340, 19.12.2008, p. 112.

が正確であるが―が進められた。

3. ASBJ と IASB、FASB との定期協議

2004年10月に、ASBJ は、IASB との間でコンバージェンスに向けた共同プロジェクトに着手し、2005年3月以来、おおむね半年に1回、ロンドンと東京で交互に、定期協議を行ってきた。2006年1月に合意した共同プロジェクトにおいては、経済実態や法制度のような市場環境が同等である場合には、両者の概念フレームワークまたは会計基準の背景となる基本的な考え方を判断基準として利用し、現行基準の差異を縮小することを目的として、現行基準の差異を識別し、評価すること、両者の概念フレームワークの差異についても検討対象とすること（ただし、別個のプロジェクトとして、両者が検討することに合意した時点で行う）、検討結果の合意においては、それぞれのデュー・プロセスを考慮することが前提とされ、ASBJ は、日本基準と国際会計基準との主要な差異の全体像を整理し、検討項目を提案し、複数のフェーズに分けて個々の基準の差異を比較検討することとした。

まず、対応しやすい課題から着手するという方針を採用し、第一フェーズでは、2004年3月31日時点で存在する基準を対象範囲とするが、IASB と FASB との共同プロジェクトで検討中、あるいは検討予定の基準、差異が概念フレームワークや基本的な考え方の相違に起因する基準、最近開発した基準及び法制度上の制約がある、または日本での適用が現状では考えられない基準は除くものとされた。具体的には、棚卸資産の評価基準

(IAS2)、セグメント情報（IAS14)、関連当事者の開示（IAS24)、在外子会社の会計基準の統一（IAS27)、及び、投資不動産（IAS40）の5項目が選定された。日本側は合意した目標をほぼ1年で達成した。

2006年からの第2フェーズでは、IFRSと日本基準との相違点をリストアップし、長期と短期のプロジェクトに分けたうえで、優先度に従って両者を並行的に進めるというアプローチを採用した。なお、長期と短期との仕分けは、2006年2月に取り交わされたIASBと米国財務会計基準審議会（FASB）との間の覚書（MoU）に対応していた。

そして、2007年8月には、すでに述べたように、目標期日を定めて、コンバージェンスをさらに加速する新たな合意（東京合意）を行ったが、これらの進捗は、年2回のペースで行われたASBJとIASBとの定期協議で確認され、討議された。東京合意の対象期間が経過した2012年以降もASBJとIASBとの間の定期協議は続いたが、ASBとASBJの二者間の定期協議は2013年5月に開催された第17回会合を最後に終了した。これは、IFRS財団が、評議員会による「戦略レビュー2011」において示された提言を踏まえ、IASBと個々の会計基準設定主体との間で複数存在する二者間の関係を置き換えることを目的として、IASBへの技術的助言機関として各国会計基準設定主体及び地域団体をメンバーとする会計基準アドバイザリー・フォーラム（ASAF）を設置したことを受けたものである。ASAFについては、前記第1章7．（3）を参照のこと。

他方、2006年5月から、自国の会計基準を主体的に開発しながら国際的なコンバージェンスに貢献するという観点から、日

本基準及び米国基準は、多くの点で IFRS と共通するものの、差異も存在し、ASBJ と FASB は、国際市場での摩擦や資本コストの削減が可能となるよう、財務情報の首尾一貫性、比較可能性、効率性の一層の向上を目指し、共通の会計基準の開発を目指した作業を IASB と共に進めるという考え方に立って、ASBJ と FASB との定期協議が始まった。斎藤静樹 ASBJ 委員長（当時）は「世界最大の資本市場を有する二国の基準設定主体である ASBJ と FASB による定期的な会合は、会計基準の国際的なコンバージェンスにおいて歴史的な意味をもつことになると確信する」と述べていた。それ以降、ASBJ は FASB と、年に 2 回の頻度で、協議のための会合を開催しており、2014 年 10 月には 17 回目の会合が東京で開催された。

4. 単体検討会議

「中間報告」では、「コンバージェンスの推進には、これまでの会計を巡る実務、商慣行、取引先との関係、さらには会社法との関係及び税務問題など調整を要する様々な問題が存在する。こうした状況を踏まえ、今後のコンバージェンスを確実にするための実務上の工夫として、連結財務諸表と個別財務諸表の関係を少し緩め、連結財務諸表に係る会計基準については、情報提供機能の強化及び国際的な比較可能性の向上の観点から、我が国固有の商慣行や伝統的な会計実務に関連の深い個別財務諸表に先行して機動的に改訂する考え方（いわゆる「連結先行」の考え方）で対応していくことが考えられる。」とされていたが、企業会計基準委員会は、連結財務諸表に適用される会計基準と

個別財務諸表に適用される会計基準の分離に対しては、きわめて慎重な姿勢を崩さず、東京合意の下でも、連結先行という発想に基づくコンバージェンスを現実には行わなかった。

しかし、2010年6月、7月及び8月の企業会計審議会総会においては、(抽象的に、連単一致か分離かという切り口よりも、むしろ)単体財務諸表に係る会計基準の変更に伴う作成者・投資家のコスト(企業における直接的なコスト(費用)に限定せず、経営上の重要な手法や考え方に与える経営コスト、市場や社会において何らかの費用が発生するという意味での経済・社会コストを含む)とベネフィットとを、具体的・実務的に比較衡量することが重要であるという認識が共有された。そして、単体と連結を一体として移行(コンバージェンス)するコストの例として、(潜在的)税負担増のリスク、(リサイクリングが行われない場合など、)原価計算が(正しく)把握・情報提供されないといった、ビジネス実務に影響を与えるコスト、経営管理に与える影響(コスト)(社内の経営管理にどのように会計情報が用いられているか)、連結のみならず単体についてもコンバージェンスさせることにより、オペレーション、システム等に与える追加コストが挙げられ、連結と単体とを相違させることによるコストの例として、投資家を誤解させないための、整合的理解を支えるためのコスト、修正仕訳など、連結と単体の会計基準が異なることに基づく修正・調整コスト(複数の基準の理解に係るコスト)及び経営管理に与える影響(コスト)(業績管理等)が想定できると事務局(金融庁)から説明がなされた。

そして、個々の基準ごとに、コストとベネフィットを企業会計基準委員会において、衡量し、検討したうえで、結論を得るべきで

あるとされた。おおむねすべての企業において単体と連結を一体として移行するコストが高いものについては、連・単にズレが生ずることを容認し、個別企業ごとに異なる取り扱い（選択適用）を認める基準を設定することも考えられるかという問題提起もなされた。そして、我が国固有の商慣行や取引関係等を背景に、連結財務諸表に係る会計基準と個別財務諸表に係る会計基準の双方がダイナミックに発展・変化していく中で、両者が整合的に作成・監査・理解できるような形で、両者の間のズレ（連結先行：ダイナミック・アプローチ）を時間軸の中で容認していくという方針が提示され、その方針が了承された。

これをうけて、同年9月には、財務会計基準機構が、企業会計基準委員会の独立性を確保しつつ、基準設定機能の強化及びそのための産業界を含む各ステークホルダーによるバックアップ強化の方策を検討するという観点から、単体財務諸表のコンバージェンスを当面どのように取り扱うべきかについて、ハイレベルな意見を聴取するために、単体財務諸表に関する検討会議（単体検討会議）を設置した。

単体財務諸表に関する検討会議は、平成2011年4月に報告書を公表したが、その報告書においては、「会計基準を考える上では、従来、資産・負債の適切な評価とともに、収益・費用の適切な把握を重視してきており、今後も、この観点を十分に踏まえていくことが重要であると考えられる」、「企業会計については、長年、商法（現会社法）との調整を図りつつ策定されてきており、また、法人税法の計算は企業会計を基礎として計算されている。こうして策定された会計基準が実務に定着してきており、会計基準の変更を行う場合には、会社法及び法人税法との

関係に十分な配慮が必要であると考えられる」、「会計基準の策定にあたっては、投資家に必要な情報を十分提供する観点が重要であるとともに、実務的に、ベネフィットに見合わないコスト負担を生じさせたり、管理会計との大きな乖離により効率性を低下させたりすることにより、企業活動に過度な影響を与えないよう留意する必要があると考えられる」、「企業会計等の企業を取り巻く制度を考える上では、日本経済の国際競争力を視野に入れた対応が重要と考えられる」、「単体財務諸表の会計基準がどういった観点から作成されるものであるか（株主、投資家のための情報開示、分配可能額、課税所得の基礎等）を改めて明確にすべきではないか、との意見があり、また、そもそも単体財務諸表については、廃止を含む大幅な簡素化が必要ではないか」などの意見もあったとされていた。

そのうえで、「連結財務諸表と単体財務諸表の関係については、基本的には、比較可能性の観点から連結財務諸表と単体財務諸表の会計処理は一致しているのが望ましいという意見とともに、両者が離れることが容認されるべきとの意見が聞かれた」とされ、また、「単体財務諸表は、作成者として、実務上のコスト負担の観点から、連結財務諸表とできる限り近づいたものであることが望ましいという意見も聞かれた。この観点を踏まえ、仮に一致しないものが生じるケースでは、単体財務諸表における選択適用が可能となるような仕組みを設けて欲しいとの意見も聞かれた。これに関して、制度所管官庁から、こうした選択適用は、比較可能性の観点から、非常に慎重に取り扱うべき課題であるとの説明があった」と述べられていた。

他方、個別の論点については、開発費の単体財務諸表におけ

る取り扱いについては、当面、現行の費用計上を継続すべきとの意見が、のれんの単体財務諸表における取り扱いについては、当面、現行の償却を変更すべきでないとの意見が、退職給付に係る未認識項目の負債計上の単体財務諸表における取り扱いについては、連結先行も含め何らかの激変緩和の措置が必要ではないかとの意見が、単体財務諸表に関する包括利益の表示については、当面、財務諸表本表において表示すべきではないとの意見が、それぞれ、多くみられたとされていた。

5. アドプションへのうねりとその問題点

　かなり無理をしてコンバージェンスを行ったにもかかわらず（例えば、企業結合会計基準は持分プーリング法を許容しないとしているが、結論の背景では、「持分の結合」という概念を維持しており、会計基準と結論の背景との間に明らかな齟齬がある。つまり、持分プーリング法の不許容はコンバージェンスのためという以外には合理的な説明はできない）、日本におけるIFRS導入の経緯で紹介したように、日本企業にとっても、IFRSの任意適用が認められる必要性が認識され、任意適用が認められる上場企業の範囲については、実態としては、制約がない状況になっている。

　他方、企業会計審議会及び同企画調整部会においては、中間的論点整理の公表後も、検討が進められ、2013年6月19日に、「国際会計基準（IFRS）への対応のあり方に関する当面の方針」（以下「当面の方針」という）が公表された。

　「当面の方針」では、「IFRSの適用の方法」が取り上げられ

た。すなわち、「ピュアな IFRS のほかに、我が国においても、「あるべき IFRS」あるいは「我が国に適した IFRS」といった観点から、個別基準を一つ一つ検討し、必要があれば一部基準を削除又は修正して採択するエンドースメントの仕組みを設けることについては、IFRS 任意適用企業数の増加を図る中、先般の世界金融危機のような非常時に我が国の事情に即した対応を採る道を残しておくことになるなど、我が国における柔軟な対応を確保する観点から有用であると考えられる」という考え方を示した。そして、「日本基準、米国基準、ピュア IFRS、エンドースメントされた IFRS という4つの基準の並存状態は、大きな収斂の流れの中での一つのステップと位置づけることが適切である」と述べていた。

なお、「具体的なエンドースメントの手続については、まず、会計基準の策定能力を有する ASBJ において検討を行い、さらに、現行の日本基準と同様に、ASBJ が検討した個別基準について、当局が指定する方式を採用することが適当である」とした上で、IFRS の個別基準をエンドースメントする際の判断基準としては、公益及び投資者保護の観点から、勘案すべき要素として、「会計基準に係る基本的な考え方」、「実務上の困難さ（作成コストが便益に見合わない等）」、「周辺制度との関連（各種業規制などに関連して適用が困難又は多大なコストを要することがないか）」を例示していた。

他方、「削除又は修正する項目の数が多くなればなるほど、国際的には IFRS とは認められにくくなり、IFRS 策定に対する日本の発言力の確保等へ影響が生じる可能性がある。このため、我が国の国益も勘案しつつ、単一で高品質な会計基準の策定と

いう目標を達成する観点から、削除又は修正する項目は国際的にも合理的に説明できる範囲に限定すべきである。」という見解を示していた。

なお、「当面の方針」は、日本版 IFRS は、「強制適用を前提としたものではなく、あくまでも任意適用企業を対象としたものとして位置づけるべきである」としている。そうであれば、「当面の方針」が例示するエンドースメントする際の判断基準のうち、実務上の困難さ（作成コストが便益に見合わない等）及び周辺制度との関連（各種業規制などに関連して適用が困難又は多大なコストを要することがないか）との関連で、作成コストをどの程度重要なファクターとみるべきかは難問であろう。作成者によってコストも便益も異なり、しかも、作成コストの方が便益より大きければ、適用しなければよいだけの話だからである。

6. 修正国際基準

「当面の方針」の公表を受け、ASBJ は、2013 年 7 月に、財務諸表の作成者、利用者、監査人及び学識経験者から成る「IFRS のエンドースメントに関する作業部会」を設置し、検討を加え、ASBJ は作業部会での検討状況を踏まえ審議を行った。そして、2014 年 7 月 31 日に、いわゆる日本版 IFRS に相当するものとして、「修正国際基準（国際会計基準と企業会計基準委員会による修正会計基準によって構成される会計基準）」（修正国際基準）の公開草案を公表し、寄せられたコメントを踏まえて、軽微な修正を加え、2015 年 6 月 30 日に修正国際基準を公表した。

これをうけて、金融庁は、同日、指定国際基準に係る規定とパラレルな規定を修正国際基準についても創設すること（連結財務諸表規則1条の3・94条・94条の2、四半期連結財務諸表規則1条の3・94条・94条の2、中間連結財務諸表規則1条の3・88条・88条の2、連結財務諸表の用語、様式及び作成方法に関する規則に規定する金融庁長官が定める企業会計の基準を指定する件（平成21年金融庁告示第49号）4条など）などを内容とする「連結財務諸表の用語、様式及び作成方法に関する規則等の一部を改正する内閣府令（案）」をパブリック・コメント手続に付した。

　なお、金融商品取引法の下では、例えば、財務諸表等規則1条1項は、「金融商品取引法の…規定により提出される財務計算に関する書類（以下「財務書類」という。）のうち、財務諸表…の用語、様式及び作成方法は、…この章から第七章までの定めるところによるものとし、この規則において定めのない事項については、一般に公正妥当と認められる企業会計の基準に従うものとする」と定めており、財務諸表等規則の規定が優先するため、指定国際会計基準は「一般に公正妥当と認められる企業会計の基準」にあたると解する必要は必ずしもない。しかし、会社法431条は、株式会社の会計は一般に公正妥当と認められる企業会計の慣行に従うものとすると定めているので、指定国際会計基準も「一般に公正妥当と認められる企業会計の慣行」の一つに当たると解したほうが、会社法の下では、自然である。そうであるとすると、連結計算書類との関係でのみ「一般に公正妥当と認められ」、単体の計算書類との関係では認められないというのは、情報提供の観点のみから不自然であるということもできる。

しかも、上場国際などについてのみ「一般に公正妥当と認められる」という位置づけは十分な説得力を有するとは必ずしもいえない。

これは、修正国際基準についても同様にあてはまり、会社法の解釈としては、依然として、理論的な問題が残っている。

7. 4つの会計基準の並存は、どのように考えるべきか

会計基準は、経済社会において重要な役割を果たしており、かつ、会計基準が法令に組み込まれ、あるいは、参照されることにより、それに従わないことに対して、行政処分、刑事罰あるいは民事責任が課されることになる一方で、会計基準は、とりわけ、民事責任との関連では、セーフ・ハーバーとしての役割を果たし、不適切な会計基準の利用を許容することは情報利用者に不利益を与えることにもなりかねない。そして、—現在の会社法や商法は明示的には具体的な規定を設けてはいないものの、伝統的には—商法においては、会計のルールを定めてきたし、財務諸表等規則などの内閣府令によって具体的な会計ルールを定めることがあり得るという前提が金融商品取引法の下での企業内容開示との関連でも認められるのだとすれば、IFRSの利用を許容する場合にも、不適切なルールの利用を許容することは適切ではなく、任意適用なのだから、原則として、ピュアなIFRSしか想定できないというわけでもなかろう。

なお、日本基準、米国基準、ピュアIFRS、修正国際基準という4つの基準が並存することについては、制度としてわかりにくく、利用者利便に反するという懸念があるが、本当に、このせい

で企業間比較可能性が過度に損なわれるというのであれば、例えば、スイスのように、証券取引所のルールで市場ごとに利用可能会計基準を限定すれば十分なのであって、複数の会計基準の品質がいずれも十分であると解される場合には、必ずしも、法律で、ある一つの会計基準の利用のみを認めることにしなければならないわけではない。

　ところで、相当長い間、一部の会社に米国基準により連結財務諸表を作成することを認めてきたことを、仮に合理的に説明しようとすれば、―必ずしも、択一的ではないが―3つの説明の仕方があり得よう。第1は、企業間の比較可能性は多少犠牲にしてでも、米国で資金調達等を行う企業にとっての負担を軽減するために認めてきたという説明である。そして、米国基準の適用が認められる会社の数はわずかなので、企業間比較可能性が多少犠牲となることも許容できるという論法である。第2は、米国で資金調達等を行う企業（SEC登録会社）とそれ以外の有価証券報告書提出会社とでは、投資者にとって、異なるカテゴリーの投資対象であるから、両者の間の企業間比較可能性は必ずしも重視する必要がないという説明である。第3に考えられる説明は日本基準よりも米国基準のほうが優れた財務報告の基準であるということである。少なくとも、情報の有用性を確保するという観点から米国基準は優れているが、日本基準は情報の有用性を多少犠牲にしてでも作成のための負荷（コスト）を軽減する必要性にも配慮しているという説明である。

　このような説明の仕方は、特定会社に、指定国際会計基準によって連結財務諸表の作成を認めている現在の制度についても可能かもしれない。しかし、特定会社となりうる会社の範囲を実

質的に有価証券報告書提出会社すべてに拡大した以上、第1の説明の仕方は相当程度その説得力を失っているように思われる。また、ASBJ が修正国際基準の検討のプロセスで明らかにしたこと及び企業会計審議会総会・企画調整部会での議論からは、ピュア IFRS が日本基準に比べて、情報の有用性を確保するという観点から優れているという説明（第3の説明の仕方）もしにくくなっている。そうすると、それぞれの会計基準を適用する会社は投資対象として若干異なるカテゴリーに属するから、カテゴリーを超えて、「厳密に」企業間比較可能性の確保を貫くまでのことはないという説明が穏当なのかもしれない。そもそも、一つの会計基準によって連結財務諸表を作成しても、作成者や監査人の判断には差があることなどを考慮すれば、一つの会計基準によったということによって企業間比較可能性が確保できるというのは幻想なのかもしれない。

　さらに、連結財務諸表を分析し、利用するのは、専門的知見を有するアナリストや機関投資家などであり、市井の投資者は連結財務諸表を読み込む意欲もなければ（合理的無関心。読み込むためのコストに見合ったリターンが得られない）能力もないことが多いのかもしれない。そうであれば、複数の会計基準が併存することによって、投資者の利益が損なわれるというまでのことはないという評価も可能である。とりわけ、コンバージェンスによって、米国基準とピュア IFRS との差異あるいは日本基準とピュア IFRS との差異が相当程度縮小されており、かつ、ピュア IFRS と修正国際基準との間にも主要な差異が2つしかないというのであれば、なおさらである。

　他方で、どの会計基準により作成された財務諸表の有用性が

優れているのかをアプリオリに（先験的に）決められないのだとすれば、会計基準間の競争がなされることがよいという主張にも一理ある。そうだとすれば、ほぼコンバージェンスされている4つの基準の並立は単一の高品質な会計基準という最終目標に向かうために意義が認められるという「当面の方針」の主張はあながち的外れとはいえない。

8. 有価証券報告書提出会社は、どのように対応するのが賢明なのか

　多くの有価証券報告書提出会社にとっては、米国基準を選択することはできないので、現実には、日本基準、指定国際会計基準（ピュアIFRS）及び修正国際基準の3つの中から選択することになろう。そして、日本基準以外の会計基準により連結財務諸表を作成するかどうかを判断するにあたっては、そのようにすることのベネフィットと実務上の困難さ（作成コストが便益に見合わない等）及び周辺制度との関連（各種業規制などに関連して適用が困難または多大なコストを要することがないか）という意味での作成コストとをバランスするという観点からの検討が必要である。金融商品取引法の下での企業内容開示制度という観点からは、3つの会計基準のいずれによって連結財務諸表を作成すべきであるかということの答えは得られない。

　日本基準によって作成しつつづけるかぎり、システムなどの変更という初期コストを要しない（しかも、日本基準は周辺制度との調整が図られているし、将来の改正があっても図られやすい）から、日本基準によることがコストだけを考えれば優れているとい

うことになるのであろう。

　しかし、指定国際会計基準（ピュア IFRS）によることは、海外の投資家にとって理解できる情報を提供できるため、投資対象の候補に含められやすいというメリットがあるばかりではなく、在外子会社が多い企業にとっては、企業集団の内部管理上のメリットや連結作業の迅速化及び容易化というベネフィットを享受することができると期待される。しかも、上述したように、JPX日経 400 の構成銘柄として選定される可能性も高まる。これに対し、修正国際基準によるのでは、海外投資家による財務内容の理解の向上は実現されにくいであろうし、JPX 日経 400 の選定基準との関連でも現時点ではメリットがない。しかも、修正国際基準は、ピュア IFRS でも日本基準でもないため、このような基準に準拠して作成された財務諸表に表明される監査意見の意味が十分に理解されるかどうかという実務上の問題もあり得る。準拠性についての意見を表明するのではなく、適正性についての意見を表明するという場合に、適正に表示しているかどうかの判断基準がどのようになるのかという難問を抱えているように思われる。

　もっとも、現在の指定国際会計基準の指定の仕方（実際にはカーブアウトしない）の下では、IFRS が改正されるごとに、適用企業は右往左往せざるを得ないのに対し、日本基準あるいは修正国際基準を適用する企業は直ちに影響を受けないという利点は無視できない。つまり、指定国際会計基準（実質的にはピュア IFRS）によるという選択は、将来にわたって、動いていく（そして、どのように動くかが十分に見通せない）目標（moving target）を追いかけていなければならない（それは、システム変

更などのコストの増大につながる）というリスクを内包しているのである。また、ピュアIFRSもいずれ修正国際基準に合わせてくれるだろうというきわめて楽観的（過度に楽観的）な観測に立つことができれば、修正国際基準を採用することが中長期的には最善の選択であるということにもなる。

　また、以下で述べるように、個別財務諸表（単体の計算書類）の作成にあたって、指定国際会計基準、米国基準あるいは修正国際基準を適用できないとすると、連結と単体で会計基準を異ならせることによるコストの大きさも、どの会計基準によって連結財務諸表を作成することとするかの判断にあたって重要な考慮要素である。

　なお、「当面の方針」では「4基準の並存状態は、大きな収斂の流れの中での一つのステップと位置付けることが適切」であるとしているが、上述したように、米国基準は例外的に一部の企業に適用が認められているにすぎないから、本来は、3つの基準が並存する制度となると評価すべきである。

　そして、現実問題として、多様な有価証券報告書提出会社が存在することに鑑みるなら、日本基準を（コスト・ベネフィット分析におけるコストを比較的低く見積もっていると思われる）ピュアIFRSと完全に一致させることは現実的ではない。また、会計基準の連単分離に対して―連単分離の合理性は会計理論的には説明し難い以上、もっともなことであるが―消極的な企業会計基準委員会のスタンスを前提とするかぎり、ピュアIFRSが定める会計処理方法が周辺諸制度との結びつきが強い個別財務諸表（単体の計算書類）の作成基準としてふさわしいかが問題となりえ、例えば、現行の会社法が定める配当規制の仕組みを前提と

する限り、単体レベルでピュア IFRS の適用を強制し、または許容するうえでは解決すべき課題が山積している[6]。

このように考えると、理念的には好ましいとはいえないが、日本基準は将来にわたって残り、他方で、修正国際基準は IFRS の今後の改正次第ではピュア IFRS と一致することになり、事実上、2つの基準が併存するというシナリオが最もありそうに思われる（ただ、カーブアウトあるいは修正の必要性が将来にわたって全くないとはいえないのだとすると、形式的には3基準の並存は避けられないのかもしれない）。

---

6) もっとも、国の政策として、ピュア IFRS または修正国際基準の適用をさらに推進するのだというのであれば、単体レベルでピュア IFRS または修正国際基準を利用できるように会社法・会社計算規則を見直し、また、課税所得計算のあり方も再検討することは避けられないと予想される。なお、IFRS（EU によるエンドースメント後 IFRS を含む）を単体レベルで適用することを要求し、または許容している国々における配当規制を含む会社債権者保護の仕組みについては、例えば、弥永真生「国際会計基準に関する会社法上の論点の調査研究」<www.moj.go.jp/content/000103261.pdf>を参照。課税所得計算と IFRS との関係での問題については、例えば、日本租税研究協会・税務会計研究「［税務会計研究会報告］企業会計のコンバージェンスと会社法・法人税法の対応」<www.soken.or.jp/p_report/deta/zeimu.pdf> 参照。

第4章
日本及び海外企業による IFRS 導入の実態

1. 日本企業による IFRS 任意適用の実態

　日本においては、2013年6月に企業会計審議会が公表した「国際会計基準（IFRS）への対応のあり方に関する当面の方針」によって、今後は IFRS の任意適用企業の積み上げに努力し、強制適用の是非等については未だその判断をすべき状況にないという当面の方針が示された。

　その方針に基づき、関係者が任意適用企業の積み上げに向けた各種対策を講じていることもあり、2015年に入ってから、IFRS を任意適用した企業又は適用する予定である旨を公表した企業の数は急速に増えつつある。例えば、2015年3月4日付日本経済新聞は、"国際会計基準の採用企業（予定を含む）は、2015年中にも100社を超す見通しで、主要企業の標準になる可能性が出てきた"という趣旨の報道をしている。

　日本取引所グループは、そのホームページ・ウエッブサイト[1]において「IFRS 任意適用・任意適用予定会社一覧」を公表して

---

1) 日本取引所グループのホームページ・ウエッブサイト「IFRS 任意適用・任意適用予定会社一覧」

いるが、それによると2015年6月現在それらの会社は下記の87社に達している。

① **既適用企業 (43社)**
トーセイ、日本電波工業、HOYA、住友商事、日本板硝子、日本たばこ産業、ディー・エヌ・エー、アンリツ、SBIホールディングス、双日、丸紅、マネックスグループ、ネクソン、中外製薬、楽天、ソフトバンク、旭硝子、武田薬品工業、アステラス製薬、小野薬品工業、そーせいグループ、第一三共、リコー、伊藤忠商事、三井物産、三菱商事、伊藤忠エネクス、エムスリー、エーザイ、ヤフー、伊藤忠テクノソリューションズ、富士通、セイコーエプソン、日東電工、ケーヒン、ファーストリテイリング、トリドール、電通、参天製薬、日本取引所グループ、クックパッド、すかいらーく、テクノプロ・ホールディングス

② **適用予定企業 (44社)**
日立化成、コニカミノルタ、日立金属、日立建機、日立製作所、日立工機、日立国際電気、クラリオン、デンソー、ユタカ技研、本田技研工業、ショーワ、エフ・シー・シー、八千代工業、日立ハイテクノロジーズ、日立キャピタル、日立物流、コナミ、DMG森精機、ネクスト、住友理工、ティアック、日信工業、ノーリツ鋼機、KDDI、ジーエヌアイグループ、ホットリンク、花王、インフォテリア、LIXILグループ、クレハ、大陽日酸、三菱ケミカルホールディングス、日本合成化学工業、田辺三菱製薬、JXホールディング

ス、アサヒホールディングス、コロワイド、東芝、東芝テック、西芝電機、パナソニック、スミダコーポレーション、日本ハム

　以上の他、三井住友フィナンシャル・グループはニューヨーク上場において IFRS 財務諸表を使用している。

　日本における IFRS 任意適用企業は、当初は特定の業種（例えば、商社、製薬、ハイテク、等）に偏っていたが、上記のリストに表れているように、最近は業種も企業規模も多種多様になっていることがわかる。このことは、IFRS が、日本の産業界に幅広く浸透しつつあることを表していると思われる。

　ただ、IFRS 任意適用企業数の爆発的な増加を達成するためには課題も多い。これについては、後記本編第5章1.を参照のこと。

2. 世界各国における IFRS の適用状況

　IASB や IFRS 財団の首脳陣は、スピーチ等において、"IFRS は、すでに100ヵ国以上が採用している"と述べることが多いが、果たして現実はどうなのかについては、従来は確実な調査による数字等の裏付けがあったとは思えない。

　そこで、IFRS 財団は、IFRS が世界中の国又は地域（以下、総称として「国」という）においてどの程度及びどのようにして適用されているのかについて、継続的に調査を行うことになり、その結果を IFRS 財団のホームページ・ウエッブサイトに公表している。

　調査内容は、IFRS を適用している各国の会社の種類、財務

諸表のタイプ、及びIFRSの適用が強制なのか任意なのか、等について各国に質問表を送って調べている。更に、各国においてIFRSをそのままあるいは修正（カーブアウト/イン）して使っているのか、監査報告書の文言はどのようなものか、各国の法律や規則に基づいてどのようなIFRSの適用またはエンドースメントのプロセスを採用しているのか、等の質問に対して回答を寄せた国は、今までで累計140国に上った。以下は、IFRS財団及びIASBのホームページ・ウエッブサイト[2]に公表されている2015年6月現在の回答を要約したものである。詳しくは、原文を参照のこと。

（1）140ヵ国全体における適用状況

　調査は、各国の会計基準設定主体またはそれに相当する機関に対して質問票を送って回答してもらった。今までの調査対象となった累計140ヵ国からの主な回答内容をまとめると、次のようになる。

- ほとんどすべての国（140ヵ国のうちの130ヵ国）が、高品質で単一のグローバル会計基準を使うことを公に明言（a public commitment）しており、かつ132ヵ国がIFRSをそのようなグローバル会計基準として位置づけている。

- 140ヵ国の内の116ヵ国（83％）がすでに、すべて又はほとんどの国内公的責任企業（Domestic publicly accountable entities＝上場企業及び金融機関）に対してIFRSを使うことを要求している。

- その他のほとんどの国はまだ、すべての又はほとんどの国内上場企業等にIFRSの適用を求めてはいないが、少なくとも上場企

---

[2] IFRS財団及びIASBのホームページ・ウエッブサイト「Who uses IFRS? IFRS application around the world」

業等の一部に対しては、すでに任意適用を認めている。これらの例として、日本、米国、インド等が挙げられている。

- すべて又はほとんどの国内上場企業等に対してIFRSの適用を求めている116ヵ国のうちの約60％の国々は、非上場の金融機関及び又は非上場の大企業にも強制適用を求めている。

- すべて又はほとんどの国内上場企業等に対してIFRSの適用を求めている116ヵ国のうちの90％超の国々はまた、すべて又はほとんどの非上場企業にもIFRSの適用を求めるかまたは任意適用を認めている。

- IFRSを修正しているのはまれなケースであり、ほとんどの場合は、それは一時的または限定された範囲のものである。

- 140ヵ国のうちの73ヵ国は、「中小企業用IFRS」の適用を求めるまたは任意適用を認めている。そして、その他の14ヵ国は、その適用を検討している。(後記参照)

- 84ヵ国における監査報告書(及び／又は財務諸表の作成基準に関する注記において)には、IFRSに準拠して財務諸表が作成されている旨が記載されている。その他の33ヵ国の監査報告書は、EUによって採用されたIFRSに準拠している旨を記載している。23ヵ国の監査報告書は、自国基準に準拠している旨が記載されている。

(2) G20メンバー国における適用状況

上記140ヵ国のうち、グローバル・エコノミー及び財政問題に関して最も重要な役割を果たしているグループとしてのG20メンバー国に関する調査結果の要約は、下記の通りである。

G20のメンバーは、アルゼンチン、オーストラリア、ブラジル、カナダ、中国、フランス、ドイツ、インド、インドネシア、イタリ

ア、日本、韓国、メキシコ、ロシア、サウジアラビア、南アフリカ、トルコ、英国、米国の19ヵ国の財務大臣及び中央銀行並びにEUである。

① 単一セットのグローバル会計基準へのコミットメント

すべてのG20メンバー国が、高品質で単一セットのグローバル会計基準を支持することについてパブリック・コミットメントをしている。

② IFRSへのコミットメント

すべてのG20メンバー国の関係当局（Relevant authority）が、IFRSを単一セットのグローバル会計基準とみなすことについてパブリック・コミットメントをしている。

③ IFRSの適用（Adoption）

G20メンバー国のうち14ヵ国は、それぞれの資本市場のすべて又はほとんどの上場企業にIFRSを適用している。残りの6ヵ国の内、

a. 3ヵ国は、国内企業及び/又は外国企業に対して限定的に任意適用を認めている（日本、米国、インド）

b. 1ヵ国（サウジアラビア）は、IFRSを限定的に強制適用している（銀行と証券会社のみ）

c. 1ヵ国（中国）は、自国基準のIFRSへのコンバージェンスをほとんど終えた、そして

d. 1ヵ国（インドネシア）は、IAS/IFRSを自国基準にはとんどアドプションした。しかし、完全なアドプションに

ついてのプラン又はタイムテーブルをまだアナウンスしていない。

④ IFRS の適用範囲

　G20 メンバー国のうち 14 ヵ国は、それぞれの資本市場のすべて又はほとんどの上場企業に IFRS を適用しているが、11 ヵ国はすべてに、2 ヵ国（メキシコ、アルゼンチン）は金融機関を除いたすべての上場企業に、1 ヵ国（カナダ）は一部の上場企業に米国会計基準（USGAAP）の適用を認め、その他の一部の上場企業への IFRS の適用を延期している。それぞれの資本市場のすべて又はほとんどの上場企業に IFRS を適用している 14 ヵ国のうちの 13 ヵ国はまた、すべて又はほとんどの非上場企業に IFRS の任意適用を認めている。

⑤ IFRS への修正

　G20 メンバー国は、IFRS に対して非常に限定された修正を行っており、一般的には、その国における IFRS 適用に至る計画の中の一時的なステップと見なされている。EU の中では、そのような国が 5 ヵ国存在する。EU 自身が一時的と説明している IAS39 号（金融商品：認識及び測定）に関する選択的なカーブアウトを EU は認めているが、このようなカーブアウトは、ヨーロッパの規制市場において証券が取引されている 8,000 社の IFRS 適用企業の中の 2 ダース（two dozen）よりも少ない銀行によって採用されているに過ぎない。

⑥ 監査報告書

　G20 メンバー国のうちの 18 ヵ国においては、IFRS に準拠して財務諸表が作成されている旨が監査報告書において記載されている。中国とインドネシアにおいては、自国基準に準拠している旨が記載されている。

⑦ 中小企業用 IFRS

　G20 メンバー国のうちの 7 ヵ国は、中小企業用 IFRS を適用しているか、またはその適用を積極的に検討している（下記参照）。

（3）中小企業用 IFRS の適用状況

　IASB は、フルセットの IFRS とは別に、中小企業用向けに主に開示面を簡素化した中小企業用 IFRS（IFRS for Small and Medium-sized Entities）を公表している。IFRS 財団の調査報告は、この中小企業用 IFRS の適用状況についても報告をしている。それによると、上記 140 ヵ国のうち、

- 73 ヵ国は、中小企業用 IFRS の適用を求めるか、または任意適用を認めている。これらの中の主な国は、例えば、ブラジル、香港、イラク、ケニア、サウジアラビア、シンガポール、南アフリカ、スイス、英国、等である。また、これら以外の 14 ヵ国が、今後中小企業用 IFRS を適用することを検討している。

これら 73 ヵ国のうち、
- 5 ヵ国は、フル IFRS の適用が求められていないすべての SME に対して、中小企業用 IFRS の適用を要求している。

- 50ヵ国は、中小企業に対して、中小企業用 IFRS の代わりにフル IFRS の選択適用を認めている。
- 17ヵ国は、中小企業に対して、中小企業用 IFRS の代わりにフル IFRS または自国基準の選択適用を認めている。そして、
- 1ヵ国は、もし中小企業用 IFRS を選択しなかった場合は、中小企業に対して自国基準の適用を求めている。

中小企業用 IFRS の適用を求めるまたは認めるに際して、73ヵ国のうちの 64ヵ国は、中小企業用 IFRS に対して全く修正をしていないが、8ヵ国はいくつかの修正をしている。次は、それらの内の主なものである。

- 2ヵ国(アルゼンチン、ブラジル)は、親会社の財務諸表において、子会社投資に持分法を採用することを求めている。実は、IASB はつい最近同じような修正をフル IFRS に行った(また、この方法については、IASB が将来中小企業用 IFRS を見直す際に検討されるであろう)。
- 1ヵ国(香港)は、セクション 29「法人所得税」を、IAS12「法人所得税」の要求事項に合わせるように修正した。IASB は、現在行っている中小企業用 IFRS の包括的な見直し作業の中で、この点を取り上げるかどうか検討中である。
- 2ヵ国(アイルランド、英国)は、フル IFRS では認められているいくつかの選択肢を中小企業用 IFRS にも認めることを含む、いくつかの重要な修正を中小企業用 IFRS に行った(詳しい内容は、IFRS 財団のホームページ・ウエッブサイトに掲載の両国の質問票回答を参照のこと)。

（4）調査における日本及び米国の位置づけ

　上記調査対象になった140か国の中でも、経済大国としての日本及び米国の動向が注目されるところであるが、上記G20メンバー国の分析において示されているように、両国ともに、「国内企業又は外国企業に対して限定的に任意適用を認めている」と分類されているに過ぎない。確かに、日本の場合はIFRSの任意適用を大幅に認めているが、実際に適用したあるいは近いうちに適用すると公表した企業数は最近はかなり増えつつあるが、まだそれほど多いとはいえない。また、米国は、IFRSの任意適用は外国企業にしか認めていない（これらについては、本章1.及び3.を参照のこと）。

　反面、2014年9月調査結果の公表に際して、IASBのH.Hoogervorst議長は、「今回の調査に加わった国々によって、IFRSが、世界中の資本市場に透明性と効率性をもたらす財務報告の実質的なグローバルスタンダードになった」（"These additional profiles provide further evidence that IFRS has become the de facto global standard of financial reporting, bringing transparency and efficiency to capital markets around the world."）と述べている。確かに、国の数の面で考えると、現在では140ヵ国のうち116ヵ国（83％）がすでに、すべて又はほとんどの国内上場企業等に対してIFRSを使うことを要求しているという点、及びIFRSを修正しているのはまれなケースであり、ほとんどの場合は一時的または限定された範囲のものであるという点からすれば、H.Hoogervorst議長の総括は妥当なものと思われる。

　しかし、世界の経済大国である日本及び米国の現状を考える

と、質的な面で果たして H.Hoogervorst 議長の総括が妥当かどうかは疑問の残るところである。そういう観点からも、日本と米国は、ピュア IFRS の強制適用に向けた中長期的な展望を一日も早く世界に示すことが望まれるところである。

なお、IFRS 財団及び IASB のホームページ・ウエッブサイト「Who uses IFRS? IFRS application around the world」には、140ヵ国から寄せられた質問票への回答が添付されているので、国別の詳しい内容は、同回答を参照のこと。

3. 米国における IFRS の適用状況

（1）外国企業による IFRS の適用

前述のように、米国の証券取引委員会（Securities and Exchange Commission: SEC）は、2007年11月に、米国の証券取引所に上場したり、一定の証券を発行する外国企業が使用する財務諸表に IFRS を適用する場合には、米国会計基準と自国会計基準との差異調整表を添付することを免除する制度を導入した。下記の表は、2013年12月31日現在米国に SEC 登録をしている外国企業940社の国別及び証券市場別リストである（出典：SEC のホームページ・ウエッブサイト[3]）。

これらの外国企業のうち、IFRS を採用しているのは500社超であると、SEC 委員長の White 氏が、2014年5月に米国の財務会計財団（Financial Accounting Foundation：FAF）のイベントで行ったスピーチの中で述べている。

---

3) SEC のホームページ・ウエッブサイト「Division of Corporation Finance, Foreign Issuer Information」

December 31, 2013-Market Sumary（筆者による抜粋。詳しくは原文を参照のこと）

COUNTRY	NYSE	NYSE MKT/Arca	Global Market	Capital Market	OTC	TOTAL
Argentina	10		2	1	1	14
Australia	3		1	3	5	12
Bahamas			1		3	4
Bermuda	18		7	1	5	31
Brazil	26		1			27
British Virgin Islands	8	1	11	11	14	45
Canada	89	60	32	13	124	318
Cayman Islands	52	2	52	4	11	121
Chile	12				1	13
China	11					11
France	7		3			10
Germany	5		1			6
Hong Kong	3		2			5
India	8		2			10
Ireland	5		3		1	9
Isle of Man	1				4	5
Israel	6	2	38	21	10	77
Italy	4		1			5
Japan	15		2		2	19
Jersey	1		4			5
Korea	8		1		1	10
Luxembourg	6					6
Marshall Islands	23		11	4	1	39
Mexico	15	1	1		4	21
Netherlands	13		6		2	21
New Zealand					3	3
Panama	3					3
Peru	3					3
South Africa	7					7
Spain	4		2			6
Sweden	1		1		1	3
Switzerland	7					7
Taiwan	5		1			6
United Kingdom	25		5		2	32
その他（筆者による集計）	18		5	1	2	26
TOTAL	422	66	196	59	197	940

略語の説明：
NYSE-New York Stock Exchange
NYSE MKT-NYSE MKT LLC
NYSE-Arca-NYSE Arca Lnc.
Global Market-Nasdaq Global Stock Market
Capital Market-Nasdaq Capital Market
OTC-Over-the-Counter Market

(2) 米国企業による IFRS の適用

　前述のように、SEC は、2014 年以降段階的に米国企業にも IFRS を適用することの是非を 2011 年に決定することを定めたロードマップ案を 2008 年 11 月に公表したが、その後経済環境の変化や政権交代等の状況変化があり、2011 年には何も決定されず、ロードマップ案は実質的に立ち消えになってしまった。また、ロードマップ案が提案していた 2009 年度からの米国企業による IFRS の任意適用も、結局は採用されないままになっている。

　従って、現在 IFRS を適用している上場米国企業は 1 社も無い。

　ただ、米国企業に対して限定された形での IFRS 任意適用を認めることの検討を、SEC は 2015 年から開始する可能性がある。詳しくは、後記本編第 5 章 2. を参照のこと。

4. EU における強制適用

　EU における上場企業約 8,000 社は、すべて IFRS を適用することが強制されている。

　ただ、EU は、金融商品会計基準第 39 号のヘッジ会計の一部についてカーブアウトしているが、これを適用しているのは、前述のように約 8,000 社のうちの 2 ダース (two dozen) よりも少ない銀行に限られていると、IFRS 財団のホームページ・ウエッブサイトは記載している。詳しくは、前述 2. (2) ⑤を参照のこと。

5. アジア、オセアニア地域におけるIFRSの適用状況

　前述のように、アジア・オセアニア地域においては、日本のASBJが中心的な役割を果たして、2009年11月にアジア・オセアニア基準設定主体グループ（Asian-Oceanian Standard-Setters Group: AOSSG）が設立された。このAOSSGは、アジア・オセアニア地域におけるIFRSの適用状況を定期的に調査をして、その結果をホームページ・ウエッブサイト[4]に公表しているが、次の表は2015年3月時点のものである。

---

4) AOSSGのホームページ・ウエッブサイト「IFRS Application in AOSSG Member Jurisdictions」

AOSSGメンバー国・地域におけるIFRSの適用状況※

国・地域	国・地域内上場企業							IFRS準拠の旨を監査報告書に記載
	IFRSとコンバージェン中	IFRSとの完全なコンバージェンスが完了	IFRSの適用を許容	ある企業にIFRSの適用を強制	ほとんどの企業にIFRSの適用を強制	全ての企業にIFRSの適用を強制	
Australia						X	Yes
Brunei			X	X注1			
Cambodia						X注2	
China		X注3					
Dubai International Financial Centre						X	Yes
Hong Kong						X注4	Yes
India	X注5		X				
Indonesia	X注6						
Iraq						X	Yes
Japan	X注7		X				
Kazakhstan						X	Yes
Korea						X注8	Yes
Macao	証券取引所が存在しない注9						
Malaysia			X			X注10	Yes
Mongolia						X	Yes
Nepal						X注11	
New Zealand						X	Yes
Pakistan						X注12	Yes
Philippines						X注13	Yes
Saudi Arabia				X注14			Yes
Singapore						X注15	Yes
Sri Lanka						X注16	Yes
Thailand	X注17						
Uzbekistan	X注18		X	X注18			
Vietnam	X						
Total	6	1	5	3	0	15	14

※この表に含まれている情報は、一般に入手可能な情報又はAOSSGメンバーが提供した情報である（いずれも、基準レベルの基礎情報の検証が行われていない）。

【表中の注記の説明（筆者により、簡略化されている。詳しくは、原文を参照のこと）】
注1：金融機関等の public accountable entities に対して、IFRS の全面強制適用が 2014 年 1 月 1 日より始まる。
注2：すべての上場企業に、Cambodian IFRS (CIFRS) が強制適用されている。
注3：Chinese Accounting Standards for Business Enterprises (CASs) は、現在 IFRS との完全なコンバージェンスが完了している。CASs は、PRC 上場企業、金融機関、その他の全ての大中企業等に対して強制適用されている。

2010 年 12 月に、Hong Kong 証券取引所は、HK に上場している中国本土企業に対して、許可された中国本土の監査法人によって監査された CASs 準拠の財務諸表を使うオプションを認めた。

注4：Hong Kong accounting standards は、2005 年 1 月 1 日の有効日より、IFRS と完全にコンバージェンスされている。

注5：インド政府は、IFRS-converged Indian Accounting Standards (Ind ASs) を段階的に適用する次の様なロードマップを公表した。

　フェーズ１：2015 年 4 月 1 日以降開始事業年度より、すべての会社は Ind AS を任意適用できる。一定規模以上の企業には、2016 年 4 月 1 日以降開始事業年度より、Ind AS が強制適用される。

　フェーズ２：すべての上場企業及び一定規模以上の企業には、2017 年 4 月 1 日以降開始事業年度より、Ind AS が強制適用される。

なお、銀行、ノンバンク金融機関及び保険会社に対するロードマップは、今後それぞれの規制当局と協議した上で公表される予定である。

注6：2015 年 1 月 1 日現在有効な Indonesian GAAP は、明らかに重要でない差異を除いては IFRS に即している。外国に上場して IFRS 財務諸表を使用している企業や IFRS を適用している外国企業の子会社は、Indonesia においても IFRS を使用することができる。

注7：ASBJ は、2007 年に締結した「東京合意」に基づいて、日本基準と IFRS との間の大幅なコンバージェンスを達成した。2010 年 3 月 31 日終了事業年度の連結財務諸表より、金融庁長官が指定した IFRS を任意適用することが認められている。

注8：2011 年より、IASB が発行したすべての IFRS を Korean Financial Reporting Standards としてアドプションしている。なお、2009 年から、早期適用が認められた。

注9：Macao では、IFRS の任意適用が認められている。2007 年以降、金融機関等特定の企業には、IASB が公表した概念フレームワーク及び 16 の IFRS/IAS によって構成される Macao Financial Reporting Standards が強制適用されている。

注10：IFRS と等しい Malaysian Financial Reporting Standards (MFRSs) が、Transiting Entities (IAS 第 41 号「農業」及び IFRIC 第 15 号「不動産

の建設に関する契約」の範囲内にあるnon-private entities）を除いたすべてのnon-private entitiesに対して2012年1月1日から強制適用になった。2014年9月に、Malaysian Accounting Standards Boardは、Transitioning Entitiesに対しては2017年1月1日までにMFRSsが強制適用になると公表した。Bursa Malaysiaに上場している外国企業は、IFRSを採用できる。

注11：上場企業及び政府所有企業（州所有企業）は、2014年から3年間にわたってNepal Financial Reporting Standards（NFRS）としてアドプションされたIFRSを適用している。

注12：すべての上場企業及びPublic Interest companiesは、IASs/IFRSsを適用することが求められている。ただし、特定の企業（銀行等）が特定のIASs/IFRSs（IAS第39号等）を適用することが免除されている。

注13：Philippine Financial Reporting Standards（PFRSs）が、すべての国内上場企業に強制適用されている。PFRSsは、IFRIC第15号を除いて、IFRSと完全にコンバージェンスされている。Philippineの不動産業の実務に照らして、IASBの新しい収益認識基準の評価が終わるまで、IFRIC第15号の強制適用日は延期されている。

注14：Saudi Arabian Monetary Agency（Central Bank）の管轄下にあるすべての銀行及び保険会社は、IFRSを採用しなければならない。Saudi Organisation of Certified Public Accountants（SOCPA）は、現在IFRSのエンドースメントを計画中である。2017年の始めからアドプションすることを、暫定的に決めている。

注15：IFRIC第2号「協同組合に対する組合員の持分及び類似の金融商品」を除いたすべてのIFRSは、Singapore Financial Reporting Standards（SFRS）としてアドプションされている。ただし、連結、持分法、経過措置及び有効日の免除に関するいくつかの修正をしている。2014年5月に、Singapore Accounting Standards Councilは、Singapore Exchange（SGX）に上場している国内企業は、2018年1月1日以降開始事業年度から、IFRSと等しい新財務報告フレームワークを適用することになると公表した。SGXに上場している外国企業は、IFRSを適用することが許されている。

注16：すべての国内上場企業は、IFRSにほとんど等しいSri Lanka Financial Reporting Standards（SLFRS）を使うことが求められている。

注17：IFRSを完全にアドプションしたThai GAAPは、Stock Exchange of Thailand（SET50及び100）の上場企業に対して、2011年及び2013年に段階的に適用された。残りのSET上場企業と、Market Alternative Investment（MAI）の上場企業は、2015年に完全にIFRSを適用しなければならない。

注18：中央銀行は、いくつかの修正をしたIFRSを、銀行が適用することを求めている。

第5章
今後の IFRS のあり方と将来の展望

1. 日本における今後の展望

　日本における IFRS 採用の今までの一連の動きについては、前記本編第 2 〜 4 章を参照していただきたい。

　本章では、日本における IFRS 採用が、今後どのような方向に進もうとしているのか、将来の展望について考察してみる。その場合に考慮すべき主な要素には、次のようなものがある。

（1）政府の「日本再興戦略」改訂 2014

　政府が、2014 年 6 月に閣議決定した「日本再興戦略」改訂 2014 には、"IFES の任意適用企業の拡大促進に努める" 旨が盛り込まれた。これによって、政権が自民党に戻ってから、IFRS 任意適用の拡大は、国策の一つに格上げされ、IFRS に関する政府の方針が大転換したことを意味する。それはまた、関係者による IFRS 任意適用企業積み上げへの真剣な対応が必要

になったということである。

（2） 自民党の提言

　2013年6月に、自民党金融調査会の企業会計に関する小委員会は、「国際会計基準への対応についての提言」を公表し、この中ではいわゆるグローバル300社という構想を掲げて、2016年までにIFRSを任意適用する会社を300社にするという目標を立てた。

（3） 修正国際基準

　企業会計審議会が2013年6月19日付けで公表した「国際会計基準（IFRS）への対応のあり方に関する当面の方針」（「当面の方針」）に基づき、企業会計基準委員会（ASBJ）がIFRSのエンドースメント手続を進め、その結果2014年7月31日に「修正国際基準（国際会計基準と企業会計基準委員会による修正会計基準によって構成される会計基準）（Japan's Modified International Standards（JMIS）：Accounting Standards Comprising IFRS and the ASBJ Modifications）の公開草案を公表した。これによって、IFRSの任意適用企業の積み上げを図ろうというものである。しかし、修正国際基準はIFRSと認められないことによって、果たして実際に採用する企業がどの程度あるのか、疑問があるところである。

　公開草案のコメント締切日は、2014年10月31日で、ASBJは寄せられたコメントの検討を行った結果、2015年6月30日に最終基準を公表した。この修正国際基準は、2016年3月31日以後終了する連結会計年度に係る連結財務諸表から適用するこ

とができる。また、四半期連結財務諸表に関しては、2016年4月1日以後開始する連結会計年度に係る四半期連結財務諸表から修正国際基準を適用することができる。

(4) 4基準並存状態

もし前述の修正国際基準が成立した場合は、日本基準、米国基準、IFRS（ピュアな指定国際会計基準）に加えて4つ目の基準になる。このような4基準並存状態については、「当面の方針」は、"大きな収斂の流れの中での一つのステップと位置づけることが適切"と謳っている。これについては、前記本編第3章7.を参照していただきたい。

(5) IFRS財団モニタリング・ボードメンバーの資格要件

2012年2月に公表されたモニタリング・ボードの報告書によると、モニタリング・ボードのメンバーとなるための3つの資格要件の一つに、「IFRSの国内使用」というのがあるが、その評価に関するポイントの一つには、ボードメンバーを選出する国においては、"実際にIFRSを顕著に適用している"という趣旨のものがある。この資格要件の評価が行われるのは、次は2016年であり、日本はこの条件を満たさないとボードメンバーを出せないリスクがあることになる。

(6) 米国の動向

日本において、IFRSの普及を進める場合に、無視できないのが米国におけるIFRSに関する動向である。これについて

は、後記 2. を参照していただきたい。

　以上の要素には、IFRS 任意適用企業を積み上げる力になるものもあれば、不透明なものもあり、日本における将来の展望をするのはなかなか難しい。特に、4 基準並存状態は、日本の会計制度が将来どういう方向に進むのかを見通すのに大きな不確定要素となる。例えば、"大きな収斂の流れの中での一つのステップ"において、4 つの基準のうちのどれが無くなるのか？　それはいつ頃なのか？　将来的には強制適用もあり得るのか？ということが明確にならない段階で、企業としてはなかなか任意適用に踏み切れないという事情があると思われる。

　更には、日本基準のコンバージェンスをどうするのか、連単分離という課題、ピュア IFRS や修正国際基準の解釈指針・教育ガイダンスの問題等もある。

　そのような環境の中にあって、前記本編第 4 章 1. において記述されているように、任意適用を実行したり表明する会社も徐々に増えつつあり、すでに米国基準採用会社数よりも多い 87 社になり、2015 年中には 100 社を超えるという予測もある。

　それでも　その増加のカーブはまだ緩く、前述の自民党の提言による 2016 年までに 300 社という目標達成に届くかどうかは定かではないので、今後、関係者が一段となって、前述のように国策になった IFRS の任意適用企業の積み上げに一層努力していく必要がある。

2. 米国における今後の展望

(1) SEC が、2015 年から新しい企画をスタートか？

　前記本編第 1 章 6. で記載したように、米国における IFRS 対応の動きがほとんど止まってしまったかのような状況がここ数年間続いているが、2013 年 4 月 10 日に SEC の新しい委員長に Mary Jo White 氏が、更に 2014 年 10 月 1 日には新しいチーフアカウンタントに James Schnurr 氏が就任して、今後の動向が注目されていた。

　そのようなときに、2014 年 5 月に、米国の財務会計財団（Financial Accounting Foundation：FAF）のイベントで行ったスピーチの中で、SEC 委員長の White 氏が「米国における IFRS の採用がいつ、どのようにして行われるのか？　という質問を良く受けるが、自分としては今は答えられない。比較的近い内には (in the relatively near future) 答えたいと思っている」としか言わなかったので、出席していた聴衆の失望をかったとのことである。

　しかし、2014 年 12 月 8 日に開かれた AICPA の年次カンファレンスで新しいチーフアカウンタントの Schnurr 氏が行ったスピーチでは、IFRS に対する SEC の新しい試みが紹介され、これが米国における IFRS の新たな動きにつながるのではないかと期待されている。そこで、SEC のホームページ・ウエッブサイト[1]に掲載されている彼のスピーチの要点を、以下にご紹介する。

　● 米国が、IFRS に関してどのような方向に行くのか不透明な状況

---

1) SEC のホームページ・ウエッブサイト「News, Speeches, Dec.8, 2014 Remarks before the 2014 AICPA National Conference on Current SEC and PCAOB Developments, James Schnurr, Chief Accountant, office of the Chief Accountant」

が継続する（continued uncertainty around IFRS）ことが、グローバル投資家に不安感を与えていることについては、White委員長も私も認識している。したがって、近い将来には (in the near future)、可能であればこのような状況を解決するか、少なくとも今の不透明な状況を和らげるためにも、SECコミッショナーに対して何らかの提案をすることを優先したいと思っている。

- 米国企業にIFRSを採用するかどうかについて、今迄にSECが市場から受け取ったフィードバックを分析したところ、米国の市場関係者は一般的にIFRSのフルアドプションについてはサポートしていないようである。これには、法規制上の問題、コストに見合うべネフィットが無い、その他のいろんな理由があるようである。また、広い範囲における任意適用についても、米国の市場関係者は、同じような問題点を指摘している。これらには、法規則上の障害、実務における難しさ、現在の米国内における報告制度には存在しない開示情報との比較可能性における問題も含まれる。

- そうなると、米国に残された道は、何なのか？　我々としては、IFRSをさらにインコーポレートするあるいはそれと整合させていくための他の選択肢を探る必要があると思っている。そして、そのような選択肢の長所・短所、米国内における報告制度へ与えるインパクト、投資家保護にどのように影響するのか、等を考えていく必要がある。

- 選択肢の一つとして考えられるのは、いくつかの米国企業が、今または近い将来において、SECファイリングのために作成する米国会計基準財務情報に加えて、IFRSによる財務情報を開示するようになるかもしれないということであろう。しかし、この選択肢においても、現在のSECルールでは米国企業にとってはIFRSによる財務情報は非米国会計基準情報として扱われてい

るので、規則によってこのような情報の提供には一定の制限が課せられるかもしれない。しかし、今後も、IFRS による財務情報が非米国会計基準情報として扱われていくべきなのか、あるいは異なった考え方をしていくべきなのか、は今後の検討課題であろう。以上のような発想からすると、IFRS による財務情報は、多額の適用コストという面からしても投資家にとっては有用性が無いと考える米国企業に対しては、そのような開示を強制するべきではないということになる。

- しかし、以上のことは一つの選択肢に過ぎない。今日の私のスピーチが、これから数ヵ月かけて他の選択肢も含めて検討していく出発点を提供することになることを望んでいる。今後数ヵ月の間に、可能性のある更なる IFRS のインコーポレーションのための幾つかの異なった選択肢及びそれぞれに関連した問題や課題に関して、SEC 委員長及びコミッショナー達と検討を開始できることを望んでいる。その目的は、場合によったら、更なるインコーポレーションまたは米国企業による IFRS の使用を許可するまたは強制するというようなことも含む提案に達することである。もちろん、SEC が決定をして進めていく如何なる規則制定の提案においては、通常の公表及びコメント・プロセスに従うことになる。

- とりあえず今の段階では、私は、コンバージしたハイクオリティの会計基準の開発に取り組んでいる FASB と IASB 両者の努力に対してサポートと感謝の念を表したい。特に、2014 年 5 月に公表した収益認識基準は、コンバージした基準の開発が可能であることを、資本市場に知らしめるための非常に重要なステップであった。私は、両審議会がこの業績を達成したことを賞賛するとともに、同じ基本モデルに基づくリース会計基準を含めて、今後もコンバージした基準の開発を推し進めていくことを奨励したいと思う。米国における IFRS 採用の最終的結論がどうであれ、

両審議会は整合したハイクオリティ・グローバルスタンダードの開発を継続していくべきである。[2]

(2) FASB の反応

上記の SEC チーフアカウンタントのスピーチを受けて、FASB とその運営母体である米国の FAF は、同日にすかさず次のようなステートメントを公表した。

- 我々は、米国の資本市場参加者の利益を最優先に考えている独立した基準設定主体（筆者注：FASB）によってこそ、米国の投資家が一番に保護されるべきであるというチーフアカウンタントの考えに同意する。
- 我々は、IFRS に準拠して作成された 2 番目の財務諸表のセットを任意で投資家に提供したいと考えているある会社にとって存在するかもしれない障害を取り除く方法があるかどうかについて検討することは、意義のあることであると信じる。
- 我々は、監査、SEC レビュー及びその他の規制による保証を条件として、任意で IFRS による情報を追加的に提供することが、米国会計基準と IFRS の更なるコンバージェンスを促進するための重要な手段となるかも知れないことを信じている。

(3) 今後の見通し

SEC チーフアカウンタントのスピーチによると、2015 年初頭から数ヵ月以内に、部分的な任意適用を含めて、米国企業による IFRS 採用のあり方の検討を SEC 内部において開始するとのことである。

また、FAF 及び FASB のステートメントにおいても、部分的

---

[2] FASB・FAF のホームページ・ウエッブサイト「News on Media, In the December 8, 2014 FAF/FASB Statment on Remark of SEC Cheif Accountant James Schnurr at AICPA Conference」

であっても IFRS の任意適用には前向きの反応を示している。

　過去数年間、IFRS に関する動きがほぼ止まっていた米国においても、2015 年にはようやく何か動きが起こりそうな機運になってきたようである。

【参考文献】
- 「新会計基準の完全解説〜 IOSCO の影響と更なる制度改革の方向」加藤厚 著、中央経済社、2001 年
- 「季刊会計基準第 34 号」企業会計基準委員会、第一法規、2011 年

第2編

IFRS導入の実録

この章では実際のIFRS導入事例をもとに実際に行った作業内容やその際に苦労したこと、またポイントと感じたことなどを時系列であげていきます。

守秘義務の関係で個別具体的な内容は記載していませんが、一つの参考となるサンプルとして、IFRS導入の現場のイメージを持っていただけたらと思います。

フェーズ1： IFRS導入のきっかけ

【Point】 海外展開にIFRSは必須です。まずはIFRS導入の影響の大まかな点を把握検討することから始めます

今回の事例においては、日本で上場している会社が海外の市場（シンガポール証券取引所）に並行上場をしようということがきっかけです。海外上場にあたっては、IFRSでの開示が必要になるためIFRS導入を行いたいという話になり、これがIFRS導入を行うきっかけになりました（ここであげる事例では海外に上場する際、IFRSのほか、米国基準またはローカルGAAPのうち、いずれかを採用する必要があったため、将来のことも考えて会社はIFRSを採用することにしました）。単に海外上場のためというだけでなく、IFRS採用のメリットについても経営者にお話しましたが、会社もその点を十分に検討されていました。今回のケースでは当該会社は上場会社でしたが、全国的なロジスティックや販売網を有する業種ではなく、IFRS導入の影響が限定的であろうと思われました。そのため詳細な検討を行う前の段階において、影響は限定的であるが調整に時間がかかりそうな主要

な論点として10項目程度ピックアップし、検討しました。その結果、その10項目も調整はそれほど大変ではないだろうと予想されました。タイムリミットまで1年半以上あり、IFRS導入についてはある程度余裕をもって進められるのではないかという印象を持ちました。

次に、日本基準とIFRSの細かい差異は多々あるため、それらについて現行の日本基準における処理で、IFRSでも認められるものはどこまでか、あるいは重要性がないため特段の調整は不要と考えられるものはどれか、さらに監査の際に提示していただく資料はどのようなものがあるか、開示はどうするか等の論点について検討を始めました。

本書の別の箇所にも記載していますが、IFRS導入といっても、所詮、会計基準の変更であり、これまでにも我々は何度も大きな会計基準の変更を経験してきました。IFRS導入も日本基準における新会計基準の導入、あるいは会計基準の改正と本質的に変わるものではありません。しかし、検討しなければならない論点がそれらとは比べ物にならないほど多角的であるという意味では特異性があるといえます。

いずれにせよ、IFRS導入は、会社側にとっては初めてのことであるとともに、当然ですが、我々監査人にとっても初めての経験であったため、慎重に進めていかなければならないと感じていました。

フェーズ2: 会社の中に2つのプロジェクトチームの発足

【Point】社長がリーダーシップを取ってプロジェクトチームが発足

　本件は海外上場に伴う IFRS 導入というケースでしたので、海外上場と IFRS 適用という2つの課題に同時に対応しなくてはならず、その意味でも会社は大変でした。早速、会社内に海外上場対応プロジェクトチームと、同時に財務セクションにおいても IFRS 対応プロジェクトチームが発足することになりました。

　この会社は海外に多くの支店等を持っているということではなく、むしろ海外展開はこれからという時期であったので、IFRS 導入とともに海外上場という課題は、とても大変なことですが、社長自ら陣頭指揮を執り、全社一丸となり、また海外業務に精通した公認会計士、弁護士等の外部の専門家も活用した体制が構築されました。

　監査人としても、今までも日本における新会計基準導入や基準改正などに対して真摯に取り組みきちんと対応してきた会社であったため、IFRS 導入についても同様の対応が可能であるという期待感がありました。

フェーズ3: 監査法人内でのミーティング

【Point】今までの監査チームがそのまま IFRS 導入チームに

　会社における IFRS 対応 & 海外上場プロジェクトチームの発足と同時期に、監査法人内でも早速ミーティングを行いました。

当時は、日本におけるIFRS強制適用の話もあった時期でもあり、我々も将来の強制適用をにらんで監査法人内でIFRSに関する様々な検討は行ってはいたものの、まだ日本においてIFRSを任意適用している会社はほとんどない状況でした。我々の関与先も実際にIFRSを導入した例はなく、そのため、下記のような手順で監査法人内ミーティングを進めました。

- まずは、一般的な日本基準とIFRSとの差異分析表を作成し、大まかな影響を確認
- その上で、重要性が明らかに乏しい差異は当初の段階ではそれ以上の詳細な検討は行わず、差異調整が必要と認められる金額的、質的重要性があるもののみにフォーカスして検討するという方針を決定
- また、監査人側のIFRS対応を実施するチームは従来の日本基準における監査チームが行う

　最後は意外に大事なポイントです。IFRS適用はIFRSそのものに対する理解度も求められますが、一番大切なことはその会社の特性や属性をよく理解し、どのような会計基準を当てはめるかを見極めることです。その点では、従来の日本基準における監査を担当しているチームが、もっとも会社のことを理解しているので、同じチームでIFRS適用にかかわる監査も対応することにしました。ただし、あくまでIFRS対応の主体は会社であり、監査人は監査人としての立場からそのチェックを行うという基本スタンスは変わるものではありません。監査人とIFRSのアドバイザー契約を結ぶときは、独立性の問題がありますので、よく監査人と相談することが必要です。

仮に IFRS 対応チームを立ち上げて、そのチームが IFRS の検討を行う場合、会社についての知識がなく、一から論点の検討が必要になるため、膨大な時間を要するのみならず、会社にとっても多大な負担を与えることになります。さらに、会社内においても、IFRS 対応チームと通常の監査を実施しているチーム間の調整が随時必要になるため、むしろデメリットになることもあります。

フェーズ4： 監査法人内で表計算ソフトによる検証と開示事項の検討

【Point】簡素化したモデルによる表計算ソフト（スプレッドシート）は IFRS 適用の検証に有効

　監査法人内でのミーティングは、かなりの回数を実施しました。最初は主な相違点をあげた上で、それらをどのような形で調整する必要があるのかの検討から始めました。

　表計算ソフト（以下「スプレッドシート」といいます）を利用して、まずは主な相違点についての IFRS 調整表のプロトタイプを作ってみました。この段階で、簡単な数値のモデルをもとにスプレッドシートを使用して仕訳まで落とし込むイメージを確認したことにより、今回のケースでは主な論点についてはスプレッドシートの対応で可能であることがわかりました。

　監査法人内でのミーティング時に作成した検証用のシートでは、あくまでスプレッドシートでの調整が可能かどうかの検証を行うためのものであり、簡単な数値を使ったモデルも、取引件数は数パターン（発生する可能性のあるパターンをそれぞれ1パター

図1　スプレッドシートによる差異分析のイメージ

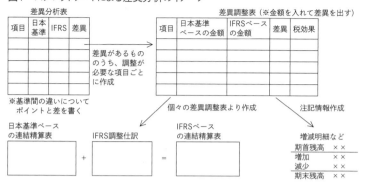

ンずつ）にすぎません。そのため、実際の実務に使用できるレベルのものではありませんでしたが、最初にこのような検討を行ったため、かなり早い段階で調整のイメージはつかめましたし、その後、会社が実務に使用するスプレッドシートを作成する際に、大いに参考になったものと思います。（図1参照）

次に監査法人内で実施したのは、その他の細かい論点と開示事項についての検討です。

その他の細かい論点については最初の段階から重要な影響はないと判断できたものの、あらためてきちんと検討することは必要です。実際に検討を行った結果、やはり重要性がないと判断される、あるいは従来の日本基準の範囲内のものでも認められるものがほとんどでした。

ただし、金額的重要性はないものの、質的に重要性があるもの、あるいは金額的な影響があるか否かがその段階ではわからないものもありましたので、これらについては論点だけ認識して詳細な検討は後日に実施することにしました。

開示については、まずIFRSの開示に関する要求事項を網羅的に把握するため、監査法人内で分担を決めてIFRSの規定に沿って開示のチェックリストを作成しました。基本はIFRS財団から出されている「国際財務報告基準IFRS® （IFRS財団公認日本語版）」（IFRS財団編　企業会計基準委員会・公益財団法人財務会計基準機構監訳）」を使用しましたが、あわせて金融庁が公表している開示のひな型や先行適用の会社の開示例なども参考にしました。

この作業のおかげで開示のボリューム感はだいたいつかめましたが、開示の詳細についてはまた、次の段階で実施することにしました。

フェーズ5：　会社と監査人との検討会の実施

【Point】会社が作るIFRS調整用スプレッドシートを作成途中の段階で監査人がチェックすることが作業の効率化に有効

次に会社との協議になります。会社が作成した差異分析表のうち差異がある項目にフォーカスし、論点整理を会社と行いました。これは会社と検討会という形で数回実施しました。内容は重要な差異について優先的に検討を実施し、それがクリアになったら次の論点について検討するという形で進んでいきました。

その結果、IFRSベースへの開示の組み替えや、退職給付の計算については一部システム対応したほうが効率的ということになりましたが、それ以外の項目については当初の認識通りスプレッドシートによる管理で十分であるとの結論に至りました。

これとあわせて、差異がないと思われる項目や差異が僅少と思われる項目についてもディスカッションを行いました。これは監査人側が認識している論点と会社側で認識している論点に相違がないかの確認をしておく必要があったためです。一部の項目については、この段階では結論が出ず、後日再検討ということになりました。

　また、それ以外にも今回は海外での新規の上場ということもあり、重要性についてはより慎重に検討しなければならないという意見が出たこと、さらに海外市場側でも監査が必要であり、その監査人の判断も確認しなければならないと思われる事項も出てきたため、これらについても後日の検討課題としました。

　なお今回のケースにおいては、海外上場の際にその市場に登録している監査事務所の監査証明が必要であったため、監査証明自体はその市場において登録している監査事務所（海外側の監査人）が行いましたが、基本的には我々日本側の監査人の結果に依拠する（一部、追加で海外側の監査人が手続を行う）ことになりました。

　これらがひと段落した後、その次の段階としてIFRS調整用にスプレッドシートの作成が会社によって始められました。作成に際してはロジックの妥当性や検証可能性に問題がないかどうかの観点から、監査人が随時チェックを行う方式で進めていきました。これにより、監査人としても会社の見解を早めに確認することができたため、後になって会社の対応が問題になるような事態もなく、スムースに進めることができたと思います。

フェーズ6: 大きな3つの論点の検討、退職給付債務、棚卸資産、そしてキャッシュ・フロー計算書

【Point】論点は見えていても、結論を出すためのロジックの構築には多くの関係者のアドバイスも必要となり、時間がかかります

　今回のケースで大きな論点となった点は3つありました。論点をどのように議論したかという一つの例として紹介しておきます。

　1点目は退職給付に関する事項です。この会社は従業員の数が300人未満であったこともあり、退職給付債務の計算に日本基準の簡便法を採用していました。これがIFRSにおいて、かつ海外上場時において認められるかが議論になりました。

　IAS第19号「従業員給付」においては、数理計算の技法を使用して、当期及び過去の期間の勤務の対価として従業員が稼得した給付の信頼性のある見積額について原則法での会計処理が求められています。そのため、日本基準での簡便法を使う場合には、IFRSでの原則法で計算した場合との差異が僅少であることの説明が必要となります。

　実際、試算の結果、簡便法でも原則法でも大きな差異はないことは分かっていたため、今回のケースでも簡便法が認められる余地は十分ありました。しかし、想定している海外の市場では日本基準の簡便法のような計算方法を採用している会社はないとのことで、上場時に簡便法を採用している理由を説明するのは難しいだろうということになりました。

　上場審査時に当該論点がネックになっては困ることもあり、検討の結果、原則法により計算することになりました。

2つ目は棚卸資産に関する論点です。この会社（不動産業）の特有の論点であったかもしれませんが、具体的には不動産である棚卸資産について専門的な鑑定評価が必要かどうかという点です。ただし、これはIFRS特有の問題ではなく、当会社の海外上場時の特有の論点かもしれません。

IFRSにおいても不動産などの棚卸資産について、外部鑑定人の鑑定評価等が必ずしも求められているわけでなく、自社で適正に評価を行えばなんら問題はありません。ただし上場審査上、棚卸資産の評価について重点的に審査されるのは間違いないため、海外側の監査人の提案として、安全のため今回だけ鑑定評価をとってはどうかという話になりました。

しかし、当会社は不動産会社であり、社内において評価方法が確立できており、またトラックレコードをみても、評価額と実際売買価格は近似していました。差異があるものについてもすべて合理的に説明がつくものでした。

具体的には、例えば、契約済みあるいは契約間近のものはその契約金額を使用し、賃貸中の不動産は収益還元法をベースとした評価、また空室のまま売却するような場合は、近隣の取引事例や積算価格（再調達価格）等をベースとした評価を行うなど、個別の物件ごとに最適と思われる方法を採用していました。不動産鑑定士による鑑定評価を取らずとも、これらの方法により適切に自社内で評価方法が確立できているものについては、過去の会社での評価金額と実際の売買価格との対比や、評価方法自体の妥当性を確認することで問題はないという結論に至りました（上場審査においても特に問題の指摘はありませんでした）。

棚卸資産が不動産であり、その鑑定評価の方法という特殊な

論点ではありますが、効率的な導入を目指す場合には、このように従来の方法をできるだけ生かしていくという発想は必要だと考えます。

3つ目はキャッシュ・フロー計算書についてでした。IFRSのもとでのキャッシュ・フロー計算書は基本的に日本と大きな差異はありません。

そのため、日本基準のままでも大丈夫でしたが、一点、支払利息を財務活動か営業活動か、どちらの計上区分で表示するのが適切かということが議論になりました。

従前の会社判断は、実態は財務コストのため財務活動によるキャッシュ・フローに入れるのが適正という見解を有していたものの、日本基準において多くの一般事業会社が支払利息を営業活動によるキャッシュ・フローに入れていたため、当会社も営業活動に含めていました。

そこで、IFRS導入を契機に改めて計上区分を見直した結果、IFRS適用企業においては、支払利息を財務活動によるキャッシュ・フローに入れている例も多く、また、より適正に企業のキャッシュ・フローの状況を表すことになると考え、財務活動によるキャッシュ・フロー区分に計上することになりました。

上記の論点のほか、その他の論点についても会社と我々日本の監査人及び海外側の監査人が協議を行いましたが、やはり関係者が多いとそれだけ調整は大変というのが実感です。

結局、上記3つの論点が主な問題になったわけですが、たったこれだけの論点でも調整には時間がかかりました。

論点になりそうな点が多々あるようなケースでは、当該調整だけでも多大な労力と時間がかかるだろうと思います。

フェーズ7: IFRS適用の財務書類の監査の方法

【Point】まずは日本基準の監査、そしてIFRS調整事項の監査、さらにIFRS開示の監査、と多くの段階が必要になります。効率よくやることがポイント

　今回のケースでは、日本側の監査人と、海外において監査報告書を提出する海外側の監査人は別々となっていましたが、このようなケースでも同じ内容の監査を別々に2回やるようなことは極力避けなければなりません。

　海外側の監査人が、日本の監査人の監査結果に依拠できると判断した場合は、その結果を利用できることになりますので、できるだけその方向に持っていく努力をしました。

　実際の監査人間での作業は、まずは監査計画の説明から始まり、監査上の重要性の基準値の設定方法、サンプル方針、内部統制の検討、実証テストの内容の説明などについて時間をかけて行いました。その結果、海外側の監査人が我々日本の監査人の監査調書のレビューもあわせて実施することにより、日本での監査結果に可能な範囲で依拠する方針となりました。もちろん、だからといって、どちらかの監査人の監査結果に100％依拠するということは通常なく、必要に応じ追加で独自のサンプルをとって追加の実証手続を行うことも求められます。今回も海外側の監査人は追加でいくつかの証憑突合などを行っていました。

　なお、監査自体は日本基準のもとでの監査と、IFRS調整及びそれに基づく開示の監査、大きくは2つに分けられます。日本基準のもとでの監査は、通常の監査となんら変わりませんが、日

本基準による財務諸表を固めてからでないとIFRS調整の妥当性も検討できないため、まずは日本基準のもとでの監査を実施することになります。

IFRS調整及びそれに基づく開示の監査については、根拠資料に基づき適正に調整がなされているかの検証のみならず、例えば、耐用年数の見直しなど、IFRSにより毎期一定の作業が求められているものについては、IFRSに従って適正に見直しが行われていることなども確認することになります。

IFRS調整仕訳のうち、過年度遡及分については早い段階でチェックができることから、通常の監査の往査日以外の日にこれらの検証を行いました。開示についても同様です。これにより、日本の監査の実施後に確認作業を行う対象は進行期の分だけとなり効率的に監査を実施することができたと考えます。

フェーズ8： 社内規程・マニュアルの整備

【Point】 現行の規程等をベースに効率的に行う

社内規程・マニュアルの整備も課題です。すべての規程をIFRSに合わせようとすると、結局は単にIFRSの基準を規程あるいはマニュアルにそのまま落とし込むことになりかねません。これでは、実際に使用できる規程・マニュアルにならないおそれがありますので、会社は以下のように作業を行うことにしました。

① 日本基準の規程の文言をベースにIFRSへ書き換え
② 調整があるものを中心にスプレッドシートごとに調整内容を記載あるいは調整内容が分かるようにしておき、調整表が

マニュアルを兼ねるようにする

　当該方式ならば、規程・マニュアルの整備は必要最小限になる一方で、実効性のある規程・マニュアルになります。それ以外についてはIFRSの基準参照方式で実際に問題は生じないと考えます。今回のケースは、IFRS適用による重要な差異は限定的であったこと、またグループ会社の数も多くありませんでしたので、このような対応で、監査上も問題ないと判断しました。

　もちろん、このような例ばかりとは思いませんが、極力、従前の規程を活用するということは有効です。

フェーズ9：　四半期財務諸表監査への対応の検討

【Point】　日本の四半期レビューは特有

　このポイントは、IFRSの問題ではなく、今回の海外上場時の特有の問題ではありますが、今回の海外上場では、四半期財務諸表の監査も必要でした。

　日本では四半期財務諸表についてはいわゆる日本の監査基準に基づく固有の四半期レビューが求められますが、期末監査と同様の手続は実施していません。ところがこの事例のケースでは、当該海外市場においては上場にあたって四半期決算に対し期末決算と同様の監査意見が必要であったため、海外側の監査人の要請により、任意監査契約を締結し期末と同レベルの手続を追加で実施することになりました。

　日本の四半期レビューは質問や分析的手続を中心に妥当性の検証を行いますが、中間監査や期末監査は実証的手続、すなわ

ち実査、立会、確認や実際の証憑との突合などにより妥当性の検証を行うため、当該作業にも時間がかかりました。幸い、実査を行わなければならない重要な資産は多くなく、またリスクアプローチにより確認状の発送を行う債権債務先の数なども限定されておりましたので、問題なくできました。

IFRSの問題ではないかもしれませんが、海外上場という局面において、監査の取扱いが異なる場合、特に実査、立会、確認作業は一般的に重要な監査手続となるため、これらが実施できなければ監査意見を表明できないようなケースもありえます。この場合は最初から実証的手続を実施することを前提に監査のプランニングをしないと上場自体を延期しなければならない事態もありえますので留意が必要です。

フェーズ10：単体決算をできるだけIFRSへ合わせたいが、まずは連結決算のIFRS適用に特化

【Point】連単分離の制度をうまく利用して、まずは連結決算のIFRS適用に特化するのが有効

単体決算は日本基準で、連結決算はIFRSという連単分離が現在の我が国のIFRS任意適用の制度となっていますが、これらの事実は会社側としてはかなり違和感があると聞いています。当会社としても、当初から決算の合理化等の観点から、また会社の意思決定資料の一本化という観点からも、連結決算・単体決算が極力同じような基準に基づくことを望んでいました。すなわち、単体決算において、日本基準でも認められる範囲内でIFRSでの会計処理に合わせようということです。

しかし、現実には、まずは海外上場を果たすという目的がありましたので、この段階で単体決算についても連結に合わせて会計基準の変更を行うことは、日本基準の範囲内とはいえ非常に手間がかかることが想定されました。海外上場を最優先とすべく、会社の方針として当面は連結と同様の単体決算の会計基準の変更には目をつぶり、まずは日本基準での単体決算にIFRS調整を加えて連結決算をつくる、という対応をしていくことになりました。

そして海外上場の後、日本において連結決算へのIFRS導入が完了した段階で単体決算においても日本基準の範囲内で極力連結決算に合わせた会計処理になるように会計基準を変更していくという会社の判断はよい判断であったと思います。

IFRS導入の入り口として、まずは連結決算のIFRS適用に特化したことは、単体決算の会計基準の変更や税務調整を考慮することなく作業を進めることができたので、一時期に膨大な作業負担が発生せず、有効な対策であったかと思います。

なお、このようにその後、会社はIFRSに合わせるように単体決算の会計方針の変更を行いましたが、この結果、それ以降は多くのIFRS調整が不要になったことのみならず、会社内部の意思決定資料にも、IFRSベースでの作成が容易になるというメリットがありました。

ただし、日本基準とIFRSがすべて一緒ということではないため、合わせるといっても、実際は細かい差異が残っているケースが多く、そのため一部IFRS調整が必要となるのはやむを得ません。

フェーズ11：税務調整に関する検討会の実施

【Point】連単一致をめざすとき、税務調整への対応も大事

今回のケースでは単体決算において、多くの会計処理をIFRSに近づけることができました。一説によれば、日本基準の多くがIFRSと同じともいわれていますが、かなりの範囲で日本基準のもとでもIFRSと同様の会計処理が可能でした。

しかし、そこで考えなくてはならないのが、税務計算との調整です。確定決算主義を取っているため、単体決算での会計処理の変更が税務上どのように影響するのか、どのように税務調整を行うかについて、会社がまず検討を行い、その後監査人と事前打合せも行いました。また、税務調整を行った結果、その後にこれらの調整がどのように解消されていくのか、についての検討も行いました。

特に従来の基準より費用が多くなるが税務上は損金算入できないもの（例：税法上の耐用年数よりも短い耐用年数で償却）は加算調整しなくてはなりませんが、この場合は税効果会計の適用についての検討も必要です。なお、この例では、税金の絶対額は増えないためキャッシュに与える影響はありません。他方、日本基準よりも収益が多くなるようなケース（例：フリーレント、後述参照）では、別表減算が認められないため税金の絶対額も増え、キャッシュにも影響（納付額が増加）しますので、社内的なコンセンサスも必要になります。

これらの検討作業も意外に時間がかかります。会計基準の変更の多寡にもよりますが、このような検討も事前に行うことは可能ですので早めに準備しておくのがよいと思います。

フェーズ 12：IFRS に基づく財務諸表の作成と開示に関する検討会の実施

【Point】重要性の判断により開示しない項目を選別

　このようにして会社によって作成された IFRS 調整仕訳についても監査人側がその都度チェックを行い、IFRS 調整仕訳の内容がいったん確定しました。そこで次に会社は開示に関しての検討に着手しました。

　この段階でまず IFRS の開示に関する要求事項の検討を実施しました。その上で、IAS 第 1 号「財務諸表の開示」の 31 項にある通り「情報に重要性がない場合には、企業は IFRS で要求されている具体的な開示を要しない」とあることから、重要でないため開示しない項目についての選別も行いました。これは量的のみならず質的にも重要性がないこと、また開示することでかえって明瞭性が損なわれるようなケースに該当しないかどうかの観点からの検討が求められます。

　その結果、開示しないとなった事項が会社によって選別されましたが、この選別作業はかなり大変であったと聞きました。というのは、やはり本事例では海外での上場審査も意識されていたことから、記載しないことについて問題として取り上げられるリスクはないか、また海外の市場において当然記載すべきとされている項目について、それを記載しないことに問題はないかなどの観点からも検討が必要だったためです。

　このような上場審査という局面だったため、開示する、しないの選別作業に神経を使いましたが、いずれにしましても会社と監査人でしっかり協議を行い、開示する必要はないと考えられる項

目については、開示しなかった理由を後日、きちんと説明できるようにしておけば問題が生じることはないと考えます。

フェーズ13：会社による開示のひな型の作成

【Point】開示のひな型づくりには時間を要します

次に会社による開示のひな型の作成が行われました。この事例では決算そのものについては、単体と連結でそれほど差異がなかったことと、多くの調整はスプレッドシートによる対応で済んだこともあり、IFRSベースの財務諸表の作成を行うまでにそれほど時間はかかりませんでした。そのため、IFRSベースの財務諸表の作成が終わった後に会社はひな型の作成を開始しましたが、実際はひな型作成段階で、必ずしもIFRSベースの財務諸表が完成している必要はなく、ある程度重要な論点が把握できた段階から作成を始めてもよいと感じました。

特に、ひな型の作成にはかなりの時間を要するため、単体と連結の差異の数が多い、つまりIFRS調整が多岐に亘る会社では、IFRSベースの財務諸表の作成と平行して進めることがよいと思います。

また日本における開示の際は、開示項目が大きく変わったときを除き、毎年行っていることもあり、事前に開示のひな型ベースでの検討を監査人側が実施しないのが通常のようですが、この事例のケースでは監査人側としても事前に会社によるひな型の作成の都度、IFRS及び会社の実情に照らして問題ないかのチェックを行いました。これにより、実際の数値を入れ込む前にかなり

完成度の高いひな型になっていました。

　会社によるひな型の作成は当該海外市場における実際の他社事例や日本における金融庁公表の開示のひな型、その他 IFRS 財団が発行している IFRS 基準書等（前出）などを参考に作り込みがなされました。

　なお、本事例のケースでは、会社は海外上場時に開示した IFRS に対応した形式（英文表記）をそのまま日本における IFRS に対応した開示書式とせず、日本の投資家にわかりやすいようにしたいと考えていました。そのため、日本における IFRS による開示の際に、ベースとなる開示数値は変えずに、日本における先行適用の会社の開示事例も参考にして、よりわかりやすい開示にカスタマイズしました。

　次にこのようにして日本における IFRS による開示を行った後は、今度は日本で作成した IFRS 適用の開示をそのまま英訳して海外市場で公表するという方式を取りました。

本事例における開示の時系列図

海外上場時の開示	・海外市場における実際の他社事例や日本における金融庁の開示のひな型、その他IFRS財団が発行しているIFRS基準書などを参考に作り込み
日本における IFRS任意適用時の開示	・ベースとなる開示数値は変えずに、日本における先行適用の会社の開示事例も参考にして、よりわかりやすい開示にカスタマイズ
日本における IFRS任意適用後	・日本で作成したIFRS適用の開示をそのまま英訳して海外市場で公表

フェーズ14：会社による数値の入れ込み作業

【Point】 当初から開示のひな形を前提にした立案が有効

　財務諸表の作成自体はIFRS調整用のスプレッドシートあるいは、IFRS調整に対応するITシステムがきちんとできていればそれほど大変ではありません。イメージとしては、通常の連結仕訳を入れるのと大差はないためです。本事例ではIFRSベースの精算表からシステム対応により、IFRSの表示へ組み替える対応を図っており、単に財務諸表（決算書）を作るということにおいて問題はなく進みました。

　ただし各種のIFRS調整については当初、開示までイメージしていなかったこともあり、純額（ネット）で調整がなされていました。これだと例えば、IFRSの開示において求められている各勘定科目の増減の数値をいざ入れようとした段階で、増加額と減少額を総額でとらえて記載する必要があったにもかかわらず、ネットだと必要な情報がとれないことがわかり、その後期中の増減と各種IFRS仕訳をこれらと結びつけていましたが、これらに意外と時間がかかった印象をもちました。（図2、図3参照）

図2　差異調整表から増減明細の作成

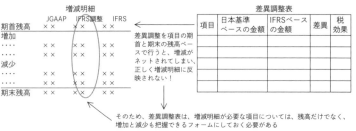

図3 増減を示す注記の開示のひな形例

投資不動産
投資不動産の増減は以下の通りであります。

	前連結会計年度 自 平成×年×月×日 至 平成×年×月×日	当連結会計年度 自 平成×年×月×日 至 平成×年×月×日
期首残高	××××	×××
・・・・・取得(増加)	××××	××
・・・・・売却(減少)	××	×××
期末残高	××××	×××

　同じく監査人側も IFRS 調整仕訳と各勘定科目の増減の数値の検証には時間がかかってしまいましたので、会社の作業及び監査人側の作業時間を減らすためにも当初から開示のひな形を使った対応を立案しておくのがよいと感じました。

フェーズ15：IFRS 調整の監査は連結の一環で実施

　　　　　【Point】 日本の会計基準に従った財務諸表の監査を
　　　　　　　　　し、IFRS 調整の検証は連結監査の一環とし
　　　　　　　　　て行います

　フェーズ7でも説明しましたが、財務諸表の監査において監査人側の作業は、まずは、日本の会計基準に従った単体財務諸表に対する通常の監査の実施を行います。すなわち日本の会計基準における連結グループ各社それぞれの試算表ベースの数値に対して、監査人として適正であるという心証が得られたら、その後は IFRS 調整について検証を行います。IFRS 調整仕訳は連結仕訳と同様に取り込まれるため、実際は連結財務諸表の監査の一環として実施することになります。

　その後、IFRS ベースの連結財務諸表の適正性の確認ができ

図4 監査の流れのイメージ

日本の基準での連結試算表に対する監査 → 連結仕訳に対する監査 → IFRS調整に対する監査 → IFRSベースの連結財務書類の開示に関する監査 → 適正意見!!

(注) 上記はあくまでイメージ図であり、手順等の実務についてはそれぞれの監査人によって異なります。

たら、IFRSベースに基づく開示のチェックを行います。この手続きとしては、日本基準ベースの場合とほぼ変わりません。開示数値が正しくIFRSベースになっているか、またIFRSの開示の要求事項を満たしているかの確認は重点的に行うことになります。さらに、重要性がないため開示を行わなかった項目については、その妥当性も検討することになります。(図4参照)

最後に： 導入し終わってみての全体の感想

【Point】早めに差異分析を行い、当該差異について調整を行う方法を固めます。そして、経営トップの理解を早め早めに得ていくことが重要です

今回ご紹介した例では、IFRS導入以外にも海外上場という非常に大変なプロジェクトでしたが、プロジェクトチーム立ち上げからIFRSベースでの開示完成までを約1年半という予定通りの期間内で行うことができました。

会社によって今回のケースと作業の順序が異なると思いますし、今回ご紹介したケースにおいても実際は論点を追加することになるなど、途中予定通りに進まない点もありました。ただし、大きな点で方向性に誤りがなければ仮に予定がずれてもそれほど

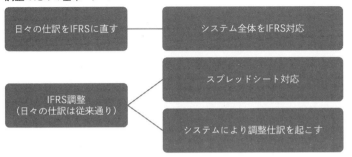

調整のための基本パターン

問題にはなりませんので、ポイントをきちんと押さえることがなにより重要だと思います。

以上、大まかな導入までの作業の流れについて実例をあげて説明いたしましたが、実際に導入に関わって感じた一番のポイントは、とにかく早めに会社が差異分析を行い、監査人と協議した上で当該差異について調整を行う方法を固めるということです。

この結果、当初想定していたよりも差異調整が必要な項目が多ければその後の全体のスケジュールの立案も改めて行う必要が出てきますし、場合によっては導入の時期そのものを遅らせる必要が出てきます。また日々の仕訳を変更するのか、IFRS調整仕訳で対応するか、あるいは調整を実現させる方法もスプレッドシートによるのかなどで、労力、コスト、時間も大きく変わってきます。

言い換えれば、これらがクリアになれば後はそれほど大変ではないという印象です。ただし、各工程にはそれぞれポイントとなる点がありますので、それらについては本書などを参考にしてくださ

い。

　そして、本書の対象としているような中規模の会社においては、IFRS導入に伴う諸々の工程や諸費用、手間については当然ですが、それ以外に様々な会計上の差異、各種経営資料の従来からの変化、開示における従来との違いなどを経営トップ、すなわち社長に早めに理解してもらいながら進めていくことが成功の秘訣だと思います。社長と経理部との距離が比較的近い会社ですと、社長の判断が全社に伝わるのもスムースではないかと思います。実は、こういった経営トップを含めた全社的な理解がIFRS導入成功のもっとも大切なポイントと考えます。

第3編

IFRS導入してはじめてわかった実務上のポイント

第1章
IFRS導入手続のポイント
（導入してみて改めて感じた実務上のポイント）

はじめに

第3編第1章では、IFRS導入のポイントとして、導入してみて改めて感じた実務上のポイントについて述べます。

Point 1

本書が対象として想定する会社のタイプとIFRS導入の作業工程

1. 本書が想定する会社のタイプ

本書では、会社の規模が中堅以下の上場会社または上場準備会社を想定しています。

具体的には、下記のようなタイプを考えています。

- 子会社、関連会社の数は10社程度（うち、海外子会社は1、2社程度）
- 多種多様な事業を営んでいない
- 非上場株式やファンドへの出資金、複合金融商品、デリバティブなどの影響は大きくない
- 固定資産についても不動産が中心で、その他の固定資産につい

ては相対的に大きくない
- 研究開発費などの支出も相対的に小さい

　このようなタイプであれば、最初に日本基準とIFRSとの差異の洗い出しから始まって、次に日本基準での決算の作成、それをIFRSへ組み換え調整、最後にIFRSに従った開示書類の作成といった手順で進めていけばそれほど大変ではありません。

　後に具体的に説明しますが、日本基準からIFRSに従った会計処理への組み換え調整仕訳は基本的に連結仕訳と同様に行います。当期のIFRS調整仕訳のうち損益インパクトのある項目については翌期に開始仕訳として引き継ぎ、それを実現させていくことになります。また連結決算仕訳と同様に税効果が必要であれば、回収可能性を判断のうえ認識することになります。

　これらのIFRS調整仕訳の生成、管理は今あげたような会社でしたら、それほど件数が大きくならないと考えられるため、一つの論点につき1〜2シート程度のスプレッドシートを使った管理で十分対応できるケースが多いと思われます。また内部統制上も当該スプレッドシートによる管理を中心に構築し、その整備運用状況を確認すればよく、内部統制報告制度対応もそれほど手間はかからないと考えます。

2. 規模の大きい会社とどう違うか

　規模が大きければ、それだけ差異分析などにも時間がかかりますし、また対応すべき論点も多くなります。さらに、規模が大きければ、相当程度の規程やマニュアルの整備、関連する内部統

制の構築、システム化なども当然必要になってくるでしょう。

　これに対し、本書が想定している規模の会社の場合は、これらとは状況が異なります。検討すべき論点は業種によって異なるものの、それほど多くないでしょう。また、グループの状況について十分目が行き届く範囲でしたら規程やマニュアルの整備、また関連する内部統制の整備運用についても比較的スムースに行うことができます。IT化についても、そもそも調整項目や調整数が多くなければ必要な範囲は限られることになりそれほど問題にはなりません。

　IFRSは重厚長大なビッグカンパニーから、ということでなく、むしろ中堅・中小規模の会社こそ適用がしやすく、その数が増えることによってIFRSへの社会の理解が広がっていくのではないかと考えています。

3. 導入作業工程、必要とする月数

　このような想定会社の場合、各工程の目安としては、およそ以下のようになります。

① 導入のためのおおまかな調査：1ヵ月
② 詳細な差異分析と影響調査：2〜3ヵ月
③ 影響の大きな差異に対する対応の検討：2ヵ月
④ 実際の対応作業：2〜4ヵ月 ・IFRS対応連結パッケージ作成 ・IFRS調整仕訳生成のためのシステム改修やスプレッドシート作成 ・根拠資料作成 ・遡及修正
⑤ 会計方針の作成：1ヵ月
⑥ 財務諸表の作成と検証：1ヵ月
⑦ 開示のひな型作成：2ヵ月
⑧ 規程の整備や内部統制整備：1ヵ月
⑨ IFRSに従った実際の開示資料の作成：1ヵ月
計13ヵ月〜16ヵ月

　それぞれの工程についてどのぐらい工数がかかるかを見積もるわけですが、差異分析いかんによって全体の工数は大きく異なります。そのため、大きな差異についてはなるべく早く検討を終えて、全体のスケジュールを作成する必要があります。

　また作業の進捗に応じて関係者による報告会、検討会を随時入れていくべきです。これにより、その時までの成果を確認できる、進捗の遅れや新たな発見事項などをタイムリーに把握できる、具体的な目標ができるなどメリットがあります。

　この工程で単純に考えると1年以上かかることになります。ただし、実際には、同時平行で作業が進められる事項があり、また会社によって大幅に工数を減らすことができる工程もあります。その反面、繁忙期は作業ができないことや監査人との調整等、外部者との調整がスケジュール通りにいかないこともあります。そのためある程度、時間の短縮は可能かもしれませんが、

逆に思ったよりも時間がかかるなど想定がぶれる可能性も大いにあります。

また⑨の「IFRSに従った実際の開示資料の作成」は、IFRS移行日がずれてしまうと、数値はほとんどすべて作り直さなければならなくなるため、余裕をもったスケジュールをたてる必要があります。

なお、本書が事例として取り上げた海外上場のためにIFRSを導入するような場合、マーケットの状況によっては上場時期をずらす必要がでてくることもあります。またこれに伴い必要な開示書類（例えば、第1四半期の開示が要求されていたが、上場時期がずれたことにより第2四半期の開示が要求されるなど）も変更になることもありますので、単純に内的要因だけでなく、外部要因によっても大きく開示資料が変わってしまうこともあり、こういったケースの場合はあらかじめ移行日が変更になることも想定した計画をたてておく必要があります。

Point 2

IFRS導入の検討

1. 大まかなスケジュール

前項でも導入作業工程をあげましたが、あらためてIFRS導入を行う際の大まかなスケジュールは下記のようになると思われます。

【IFRS導入の大まかなスケジュール】

1. 検討プロジェクトチームの立ち上げ
   ↓
2. 大まかな影響度分析によるメリット・デメリットの検討
   ↓
3. 導入するかどうかの意思決定(導入仮決定!)
   ↓
4. 現行の会計処理との差異分析
   ↓
5. 差異分析の結果、その対応方針の検討(会計処理、内部統制、システム、税務上の問題など)
   ↓
6. 対応方針の決定、会計方針の決定⇒開示資料(ひな型)作成、及びIFRS調整への実際の対応の決定(単体決算で会計処理を変更するのか、連結決算後のIFRS調整で対応するのかといった対応の決定)
   ↓
7. IFRSに従った財務諸表及び開示資料作成

2. 会社と会計監査人との早い段階でのコミュニケーションが重要

　一方、監査人は上記のプロセスで、できるだけ早い段階から、また要所要所での関与が望ましいと思います。IFRSで、新たに要求される資料には何があるのか、採用する会計処理は妥当か、重要性はどこまで認められるのかなど、キーとなるポイントで監査人側のアドバイスによるところが多いため、会社と監査人は積極的なコミュニケーションを図ることが重要です。

3. まずはメリットとデメリットをおおまかに検討する

　メリットとデメリットがあげられたら、まずはそれらの影響を定量的に測定できるものは測定し、難しい場合は定性的な影響を把握します。そして、総合的に判断した結果、デメリットを上回るメリットを見いだせない場合は、任意適用である以上そこで検討は終了し、IFRSの適用はしないということになります。

　ただし、そもそも理解が浅い段階での検討は、会社にとってもメリット、デメリットを見誤っている可能性があることには注意しなくてはなりません。

　例えば、IFRS導入により、投資の採算性が従来よりも明瞭になることによって、より良い投資の意思決定に資することができるにもかかわらず、そのような効果を認識していないことによりメリットを見逃してしまうことなどがあげられます。反対にあまりにも楽観的なシナリオを描きすぎて、コストも労力も時間もたいしてかからないと誤った見積りをしてしまうこともありえます。

4. メリット・デメリットの検討には監査人あるいはアドバイザーの意見が有効

　導入の初期の段階で自社にとってのメリット、デメリットを検討し、その後のステップに進むかどうかの判断を行うわけですが、特に初めての導入ということであれば、経験がないのですから、IFRS導入による自社のメリット、デメリットを正しく、かつある程度網羅的に把握できるように、外部の専門家の利用は不可欠

です。

- 日本基準とIFRSの差異については、まずは会社の特徴をよく知っている監査人の意見を聞くこと。また独立性に反しない範囲でアドバイザリー契約を締結する場合は指導料などの費用の見積りなども合わせてもらうようにする。
- 社内だけでなく、社外のコンサルタントにも意見を求める。

5. IFRS導入に際して初度適用（例外措置の免除規定）の利用

　IFRS第1号「国際財務報告基準の初度適用」において、企業がIFRSを採用して最初の財務諸表を作成する際に従わなければならない基準が定められています。

　そして同じくIFRS第1号10項において、一定の事項を除きIFRS開始財政状態計算書で以下を実施しなければならないとされています。

　（a）IFRSで認識が求められているすべての資産及び負債を認識する。

　（b）IFRSが資産または負債としての認識を認めていない項目は、認識しない。

　（c）従前の会計原則に従って、ある種類の資産、負債または資本項目として認識していたが、IFRSに従えば異なる種類の資産、負債または資本項目である項目については、分類を変更する。

　（d）認識したすべての資産及び負債の測定にIFRSを適用す

る。
　ここで一定の事項として、例外措置の免除規定が設けられていますが、IFRS導入の際は当該IFRS第1号をよく検討する必要があります。
　本書においては、当該IFRS第1号のポイントについてそれぞれの関連する箇所において触れています。

Point 3
IFRS導入した場合のメリットの検討

　IFRSの導入を検討する動機は様々あると思います。例えば、グローバルに事業を展開しているため、海外の利害関係者からの要請で必要に迫られて導入するケース、また日本基準では認められていない会計処理を採用したほうが会社にとって良いと考え、IFRSを導入するケースもあると考えられます。
　本書で対象としているような中堅、中小規模の会社を想定した場合、次のようなポイントがあげられます。

(メリット一覧)
① 会社のイメージアップ
② 海外の財務諸表利用者による理解の向上
③ 海外での資金調達への道
④ 従来の会計処理では会社の実態を適正に表すことができない場合
⑤ 従来の業務の見直し、システムを含む内部統制の整備の機会となる

⑥ IFRSだけでなく、日本基準の一層の理解にもつながる
⑦ 国際的な会社間の比較可能性の向上
⑧ グループ会社の会計方針の統一化、決算期の統一化
⑨ グローバル経営の向上

　ここでは、これらのメリットになると考えられる点について導入に関わった実感を交えて考えてみたいと思います。

1. 会社のイメージアップ

　なぜ、IFRS導入が会社のイメージアップにつながるかを考えます。日本の企業は業界ごとの慣習的な会計処理や開示を長い間行っているケースが多いため、それぞれの会計処理等について毎回深く検討することなく、なんとなく開示までできてしまうのに対し、IFRSを新たに採用する場合は、現行の日本基準とIFRSの各基準との差異を十分理解したうえで、会社にとって何が最善の会計処理及び開示なのかについてきちんと検討すべきであり、またその機会を与えてくれるものでもあります。

　そのためには自社の特性を十分に理解していなければならず、当然に一定水準以上の会社の経理能力、内部統制の整備運用等が求められるため、投資家からみればIFRS導入会社はこれらの能力を備えた会社である、さらには会計面を重視し先進的な取り組みをしている会社と判断されるでしょう。このことは投資家のみならず、会社を取り巻く利害関係者、例えば金融機関、取引先、債権者、債務者のほか、一般消費者にとっても同じことがいえると思います。それによって、イメージアップが図られます。

2. 海外の財務諸表利用者による理解の向上

　昨今の経済状況からみれば、いままで国内展開のみしていた会社も、いろいろな形で海外進出を図ることが多くの会社ですでに起きています。

　海外進出にあたって、自社の財務諸表を外部の利害関係者が利用することが必要になった場合、日本基準に従った開示書類よりもIFRSに従った開示の方がスムースにいくことは明らかです。IFRSは会計の世界における共通言語として位置づけられており、多くの国で導入されているため、特に説明しなくても、財務諸表利用者は違和感なく受け入れるはずです。

　一方、日本基準のままではどうでしょうか。多くの人は、日本基準とIFRSの差異を理解していないため、きちんと主な差異を説明しなければ日本の財務諸表はそのままでは受け入れられないでしょう。そもそも日本基準とIFRSとは、今までのコンバージェンス・プロジェクトによってかなり近づいてきたと言われているにもかかわらず、基準が違うといっただけで、「??」となるかもしれません。しかも、現在はコンバージェンス・プロジェクトが事実上ストップしているため、両者の差がなかなか縮まらないのも事実です。また、もし大きな会計不祥事が起きると、過去にあったような日本基準のレジェンド問題が再発する可能性すらあります。

　会計の世界の共通言語であるIFRSに従った開示書類を作成しておくことは、現に海外進出を行っている会社のみならず、今後、海外進出を考えている会社にとっても大きなメリットになります。

3. 海外での資金調達への道

　海外の証券市場において自社の株式を上場させる、または債券を発行して資金調達をしたいと考えている会社もあることでしょう。これにより、現地で資金調達を行うことを可能とし、また現地で上場を果たすことによって知名度の向上も図ることができます。この際、たいていのケースでは、現地の基準であるローカルギャップか、IFRSに従った会計処理に従う必要がでてきます。

　なじみのない現地のローカルギャップを利用することは通常はあり得ません。IFRSを採用しておけば上場準備時や債券発行時の負担を大きく減らすことができるというメリットがあります。

4. 従来の会計処理では会社の実態を適正に表すことができない場合

　現行の日本の基準自体、いくつかの問題点を抱えているといわれています。従来からあった会計基準に、その後にコンバージェンスの一環としてIFRSなどの基準を部分的に取り込んだことによりいくつかの不整合が生じています。

　一例をあげれば、退職給付債務や資産除去債務については日本基準でも割引計算が求められていますが、これは基本的にIFRSの基準を少し修正して日本の基準としたためです。IFRSにおいて引当金は原則、割引計算が求められているのに対して、日本では割引計算を行う実務慣行がないにもかかわらず、この2つだけは割引計算することになっています。この2つ以外の長期

性の引当金については、金額的重要性のいかんにかかわらず、原則として割引計算は求められておらず、整合性がとれていません。

また、日本には現在のところ、IFRSや米国の概念フレームワークのような根本となるフレームワークはありません。日本における会計慣行のうち、一般に公正妥当と認められるものを会計基準としてまとめたものが現在の会計基準のベースとなっています。

すなわち企業会計原則はあるものの、ベースが統一したフレームワークに基づいて開発された基準でなく、実務慣行を積み上げることによってできた会計基準に、その後、部分的にIFRSや米国基準などを取り入れたため、全体としての整合性がなくなっているともいわれています。

一方、IFRSの利用にあたっては、ある会計事象についてあるべき会計処理を考える場合、日本基準よりもIFRSのほうが合理的だからといって、その部分だけIFRSを採用して会計処理することはできません。もちろん、その処理が日本基準で認められている範囲内では可能です。要するにいいとこ取りのような基準の使い方は禁止されています。

仮に、日本基準では認められていないIFRSの処理を自社で採用する場合は、全面的にIFRSを導入せざるを得ません。

IFRSを一部修正した日本版IFRS（修正国際基準JMIS）というものが公表されましたが、ここでとりあげられている修正した論点は、のれんの償却とリサイクリングの扱いです。確かにそれらについては、修正したほうがより日本の実情に合っているというのが公開草案での主張ですが、公開草案に寄せられたコメントを見る限り、そうではないという考え方もあるようです。

もし、日本の基準では自社の実態をより良く反映した会計処理とは言い難いと考えるならば、その理由でIFRSを採用することは大変良いことだと思います。例えば、のれんを規則的に償却する方法ではなく、厳密な減損テストを行う、また一定の要件を満たす開発費を資産計上する等が、自社の実態をより適正に反映すると考えられるならば、IFRSを採用すべきといえます。

5. 従来の業務の見直し、システムを含む内部統制の整備の機会となる

　IFRS導入により新たに会社の業務を見直す機会になります。会社は、いったん業務や管理の仕組みができてしまうと、仮に多少の使い勝手が悪くとも、なかなか改善の機会はないものです。IFRS導入により改めて従来の会計処理や、関連する業務、また、その内部統制について検討するよい機会となります。

　例えば、IFRSのもとでは固定資産に関し耐用年数や残存価額の定期的な見直しなどが明確に求められています。日本基準でも本来はこのようなことは求められていたはずですが、減損会計の適用により減損処理を行った場合に合わせて耐用年数や残存価額の見直しが行われる場合など、特定の場合を除いて見直しは行われていなかったのが実状だと思います。その理由は、日本には耐用年数や残存価額の定期的な見直しを求める規定が明確に示されていないためです。なお、監査人としては、従来から当初の残存価額や耐用年数だけでなく、各期末時にこれらの見直しが必要かどうかの検討はある程度行っていますが、よほどのことがないと耐用年数を変えるべきということにはなりません。し

かし、IFRSを導入したとしたら、今後は会社側がこれらを見直す必要があるかどうかの検討を行い、監査人側が確かめるという流れになるということです。

　もし、固定資産の利用状況等が変化し、その実態が当初の耐用年数や残存価額の見積りと大きく乖離しているにもかかわらず、当初決めた年数、残存価額をそのまま使い続けるとしたら、それは会社の実態を反映しなくなってしまいます。このことは単に会計処理がおかしいという範囲にとどまらず、会社の適正な意思決定を妨げる要因にもなります。IFRS導入により、財務諸表をより適正に表示するだけでなく、会社の適正な意思決定にも資する資料を提供できるようになるといえます。

　このような改善は目に見える形で利益を生み出すものではないため、なにかのきっかけがないと通常はなかなか改善がなされないものです。内部統制の整備等にコストと時間をかけるぐらいなら、その分、売上拡大、利益拡大に努めるべきだとの考えもありますが、内部統制の不備等に起因する不祥事がひとたび発生すれば、取り返しがつかなくなるリスクもあります。IFRS導入により、「見直す機会」を持つことは、これらのリスクを減らすこととなり、一般にデメリットとみられやすい導入の手間やコストが結果的にはメリットになるわけです。もちろん、無駄なコストと時間をかける必要はありませんが、これをいいチャンスととらえて、IFRS導入と合わせて自社の問題点の洗い出しとその改善を実施することはとても有効です。

6. IFRSだけでなく、日本基準の一層の理解にもつながる

　IFRSに対する理解の前提として、日本の基準自体をよく知っておく必要があるといえます。

　日本の基準と、IFRSでは基準自体の記載ぶりはかなり異なっていますが、実は同じ内容であることも多くあります。日本基準自体をよくわかっていないと、ある基準について日本基準と同じことをいっているのか、あるいはどこかに差異があるのかわからないことになります。IFRS導入により、日本基準についても改めて再確認する機会が得られるといえます。

7. 国際的な会社間の比較可能性の向上

　IFRSであれば国際的な会社間の財務情報の比較可能性が向上するという話をよく聞きますが、これは条件付きといえそうです。というのは、IFRSは原則主義により、各社の実態に応じた会計処理を行うことができるため、会計処理の仕方が必ずしも各社同じになるというわけではなく、むしろそれぞれの会社の実態をより適正に財務諸表に反映するために、IFRSで認められた範囲の中で違った処理になることもありうるからです。

　例えば、ファイナンス・リースのフルペイアウト要件について、IFRSによる海外同業他社のA社は80％程度を基準に考えても、日本のB社は日本基準に従って90％程度を目安に検討しているかもしれません。日本のように一律90％とするよりも、数値

基準を設定していない IFRS のほうがより各社の実態に即した会計処理ができると思いますが、一方で、細かいルールは各社で判断することになるため、どのように判断したかが会社の比較可能性を考えるうえで重要となります。

となるとどのように処理したかの注記が大切になってきます。IFRS のもとでは注記についても日本基準で作成するよりも充実していますが、細かい各社の処理までは通常は注記ではわかりません。上記の例でいえば、フルペイアウト要件としておおむね何％を目安にしているかなどの細かい判断基準は注記からではわからないと思いますので、注意が必要です。

また、従来から日本においては業界横並びの処理や開示が多いと一般的にいわれています。同じ業種なら、同じように会計処理を行っている可能性が高く、一種の業界ルールに従っているともいえます。これがある意味、日本国内における業界内の会社の比較可能性を高めていたともいえます。IFRS のもとでは、このような業界ルールはすべて否定されるものではないと考えますが、あくまでもそのルールが合理的なものであり、IFRS で認められた範囲内に限るという条件はクリアする必要があるため、単に業界のルールだから、という理由だけでは無条件には認められなくなります。よって、IFRS では同じ業界内であったとしても、その会社間の差異は日本基準よりも拡がる可能性もあります。

IFRS のもとでは、今までより適正な開示になることは間違いなさそうですが、このように国際的な会社間の比較可能性が向上するかというとそれは一概にはいえないかもしれません。

8. グループ会社の会計方針の統一化、決算期の統一化

　また、導入の効果としてグループ会社の会計方針の統一化の促進を図ることをあげている会社もあります。

　日本基準のもとでも、同一環境下で行われた同一の性質の取引等についてはグループの会計方針は、原則として統一しなければなりません。そのため、IFRSとは関係なく統一化を図ればよいわけですが、日本基準のもとでは、統一したほうが望ましいが、一定の項目あるいは一定の条件のもとで統一しなくてよいといった扱いが認められています。そのため積極的に統一化を図らなくても問題はありません。

　IFRSでは、重要性が乏しい場合を除き、そのような例外は認められませんので結果としてグループの会計方針の統一化を図れる効果があることになります。

　同じような論点として、決算日のずれの問題があります。日本の場合、3ヵ月以内の決算日のずれについては一定の調整を加えればそのまま決算に取り込むことができるため、子会社の決算に時間がかかるといった場合はあえて子会社の決算日をずらして取り込む例があります。IFRSのもとでは、このようなことは実務上連結決算が不可能な場合を除いて認められなくなります。なお、IFRSでも3ヵ月以内のずれは認められますが、その場合は親会社と同じ決算月に本決算に準じた仮決算をしなくてはなりませんから、事実上決算期を合わせることと同じになります。そのため決算日のずれは基本的に解消しなければなりませんが、結果的にはこれにより子会社あるいは関連会社の業績をタイムリーに把

握できるようになるため、これも効果の一つといえると思います。

　ちなみに、決算作業の手間についていえば、親会社子会社が同時に進行するので大変になるのではという考え方と、逆に決算期は同じにしたほうが内部取引の消去や債権債務の消去などについて差異調整等が不要となり、結局は作業の軽減になるという考え方の両方がありますが、タイムリーにグループ全体の業績が分かるという意味において決算期の統一はメリットだと思います。

　なお、IFRS適用をにらんで、IFRS導入前に子会社の決算日を親会社に合わせているように変更している会社が見受けられますが、その際に、業績管理や予算編成などに関して決算日変更によりこれらを統一し、グループ経営の効率化を図ることを決算日変更の理由としている会社も多いようです。

（子会社及び関連会社と決算期が異なる場合の扱いについては、p.249～の第3編第2章 Point5　3.「子会社及び関連会社の扱いについて：決算期の統一化、会計方針の統一化も課題」の項を参照してください。）

9. グローバル経営の向上

　IFRS導入により、グローバルに展開している会社にとって、全世界で共通した尺度による経営管理、人事管理、内部統制等ができるようになるともいえます。ベースとなる会計基準が異なっている場合、これらについて統一を図るのは難しいですが、会計基準をIFRSで統一することにより実現可能になります。グローバル経営の向上に役立つことになります。

以上、主なメリットを記載しましたが、単に導入時の作業量やコストといった目先の負担にとらわれずに中長期的視点から導入メリットを検討すべきかと思われます。

Point 4
IFRS導入による影響が大きい会社とは、影響が小さい会社とは

　IFRS導入に当たって影響が大きいと考えられる会社については、まずは次のような特徴があげられます。

(影響が大きい会社の例)
① 子会社の数が多い (特に海外子会社)
② 多額の金融資産を保有している
③ 多額の繰延税金資産を計上している
④ 業界慣習として特異な収益認識基準を採用している
⑤ 多額の研究開発費を計上している
⑥ M&Aが多い (のれん)
⑦ その他、取引件数にも注意

　これらは、いずれもIFRSと日本基準との差異の金額がケースによっては多額にのぼるためです。それぞれについて簡単に影響を解説します。

1. 子会社の数が多い (特に海外子会社) ケース

　ある会社を連結決算対象とすべきかどうかについては、IFRS

第10号「連結財務諸表」に従って判断することになりますが、基本的な考え方として以下の基準により、単純な持ち株比率ではなく「実質的に支配している」かどうかで連結をすべきかを判断することになります。

投資者は、投資者が次の各要素をすべて有している場合にのみ、投資先を支配している。
(a) 投資先に対するパワー
(b) 投資先への関与により生じる変動リターンに対するエクスポージャーまたは権利
(c) 投資者のリターンの額に影響を及ぼすように投資先に対するパワーを用いる能力

なお、上記で書かれている、パワーとは関連性のある活動を指図する現在の能力をいい、エクスポージャーとは投資者がリスクにさらされている程度をいいます。ここでは、親会社にあたる投資者が連結対象とする子会社への投資には、リスクがある程度存在しているということを意味します。リスクがまったくないとしたら、投資にはならないということです。

それぞれの項目に対しての具体的な判断基準はIFRS第10号に規定されていますが、これに基づけば例えば、グループ会社の状況として子会社の株式はすべて50%超の持分を保有している場合は、現行の日本基準に従った連結の範囲の修正をすることは不要なケースがほとんどと考えられます。

一方で、議決権の40%以上50%以下の議決権保有の場合は、日本基準のもとでは一定の事項を考慮した上で連結の範囲を決定することになりますが、40%未満の議決権しか保有していないケースでは、日本基準のもとでは連結対象となるのは限ら

たケースであると考えられます（なお日本基準においても、たとえ40％未満の議決権しか保有していない場合でも自己の意思と同一の内容の議決権を行使すると認められる者または自己の意思と同一の内容の議決権を行使することに同意している者がいる場合はそれらを加味して判定するなど一定の検討を行うことになっています）。それに対し、IFRSのもとでは先に示した基準により、実質的に支配していると判断されることにより連結対象となるケースも十分あり得ます。

IFRS適用によって、新たに連結決算対象となる会社が多いような場合、財務諸表の取り込みだけでなく、債権債務の相殺消去、取引高の相殺消去、未実現損益の相殺消去等も必要になるため、場合によっては大きなインパクトになる可能性があります。

特に海外子会社については要注意です。海外子会社については、すでにIFRSを適用しているケースもあると思いますが、他のパターンとしては米国基準を採用しているケースや、現地の会計基準を採用して、そのまま連結あるいは重要な差異のみを調整してから連結しているケースもあると思います。IFRS採用時には、原則すべてIFRSベースに直す必要がありますが、海外子会社の場合、決算作成の体制が日本国内の子会社のようにタイムリーに行かない場合もあり、また数が多いとそれだけ影響が大きいといえます。

また、海外子会社については機能通貨の変更の問題もあります。日本の会計基準のもとでは、現地通貨で財務諸表を作成し、それを円に換算してから連結します。IAS第21号「外国為替レート変動の影響」でいう機能通貨（簡単にいってしまえば、その会社にとって主な取引通貨）が現地通貨でしたら影響はあ

りませんが、仮に機能通貨が現地通貨と一致していない場合は、現地通貨での取引がすべて外貨建取引となってしまいます。この場合はまず機能通貨への換算を行い、それから報告通貨である円に換算することが必要になるため、仮にこのようなケースに該当した場合は決算作成の手間はかなり増大することになり、非常に影響が大きいといえるでしょう。

補足ですが、IAS第21号においては「在外営業活動体」という概念があり、これには海外子会社のほか、海外支店も含まれており、いずれも同様の処理が求められています。そのため、海外支店の機能通貨の検討も同じように必要になります。なお、日本の親会社について、例えば、ほとんどの取引をドルベースで行っている場合などは日本の親会社の機能通貨についても検討しなければならないケースがあります。一部の業種においては重要論点になる可能性もありますので、注意が必要です。

2. 多額の金融資産を保有しているケース（日本基準との差が大きい）

現行のIAS第39号「金融商品：認識及び測定」のもとでは、金融資産について、純損益を通じて公正価値で測定される金融資産、満期保有投資、貸付金及び債権、売却可能金融資産という4つに区分することが要求されています（2018年1月1日以降開始事業年度より強制適用となるIFRS第9号「金融商品」を早期適用している会社にあっては、償却原価で測定する金融資産と公正価値で測定する金融資産の2つに区分することが要求されています）。これに対し現行の日本基準では、有価証

券について売買目的有価証券、満期保有目的債券、子会社株式及び関連会社株式、その他有価証券の4つに区分する規定はありますが、IFRSとは区分が異なっています。

金融商品について、日本基準とIAS第39号、そして新しいIFRS第9号の比較
(1)日本基準(概要)

分類		測定方法	評価差額
債権(営業債権、貸付金、その他の債権)		取得原価又は償却原価	P/L
有価証券	売買目的有価証券	時価	P/L
	満期保有目的債券	取得原価又は償却原価	P/L
	子会社株式及び関連会社株式	取得原価	N/A
	その他有価証券	時価	資本の部又はP/L

(注)P/L:損益に計上　N/A:該当なし

(2)IAS第39号(概要)

分類	測定方法	評価差額
純損益を通じて公正価値で測定する金融資産	公正価値	P/L
満期保有投資	償却原価	P/L
貸付金及び債権	償却原価	P/L
売却可能金融資産	公正価値	OCI(リサイクル)

(注)OCI:その他の包括利益に計上

(3) IFRS第9号(概要)

分類	測定方法	評価差額
① 契約キャッシュ・フローを回収するという事業モデルによって保有、かつ ② 元金及びその残高に対する金利のみが一定の日に回収されるという契約条件	償却原価	P/L
① 契約キャッシュ・フローを回収する及び金融資産を売却するという両方の事業モデルによって保有、かつ ② 元金及びその残高に対する金利のみが一定の日に回収されるという契約条件	公正価値	OCI(リサイクル)
上記以外の金融資産	公正価値	P/L
OCIオプション	公正価値	OCI(ノンリサイクル)
公正価値オプション	公正価値	P/L

　測定方法が異なる例を一つあげると、私募ファンドに対する匿名組合出資について、日本基準のもとではみなし有価証券としてその他有価証券の区分に計上されることが多いと考えられます。この場合、時価を把握することが極めて困難な有価証券として時価評価しないのが一般的です。これに対し、IAS第39号のもとでは、上記匿名組合出資については売却可能金融資産のカテゴリーに分類されることが多いと考えられます。これにより原則、公正価値測定が必要になるなど日本基準とは大きく異なっています。

（金融商品については、p.238～の第3編第2章 Point4　その他の資産、負債の論点　1.「金融商品について（非上場株式の評価）」の項を参照してください。）

3. 多額の繰延税金資産を計上しているケース

 日本の実務においては、繰延税金資産を計上する際、監査委員会報告第66号「繰延税金資産の回収可能性の判断に関する監査上の取扱い」に従って会社を5つのタイプに分けたうえで、それぞれ繰延税金資産を計上しています。会計監査上、監査人は当該指針をもとに計上額の妥当性を判定しているためです（ちなみに、当該第66号については、現在日本においても企業会計基準委員会（ASBJ）で見直し中です）。

 これに対し、IFRSではIAS第12号「法人所得税」に従って計上することになりますが、日本のように詳細なガイダンスがあるわけではありません。そのため、収益力に基づく課税所得の十分性、タックスプランニングの存在、将来加算一時差異の十分性を考慮したうえで、それぞれ課税所得を合理的に見積もり、回収可能と認められる額を計上することになります。
 すなわち、過去のフローまたはストック情報をもとに判断している点で日本基準に従った計上はそのままでは認められるとは限りません。将来減算一時差異（あるいは繰越欠損金）の金額が大きい会社は影響が大きくなる可能性があります。

4. 業界慣習として特異な収益認識基準を採用しているケース

 日本においては、現時点では詳細な収益認識基準はありませ

ん。そのため、実現主義の原則に反しない範囲で、それぞれの業界慣習に従った収益認識方法で計上されているケースが多いと考えられます。

その中でも、IAS 第 18 号「収益」において役務提供については原則、進行基準が適用になること、また IAS 第 11 号「工事契約」のもとでは工事契約について完成基準が認められないことなど、日本基準とは違う扱いになっているものがあり、該当する会社にあっては影響が多額になる可能性があります。

そのほかにも業界慣習として日本基準では認められているものの、かなり特異な収益計上方法となっているケースもあり、IFRS適用に際しては重要性がない場合を除き、修正が求められると考えられるため、注意が必要です。

なお、業界慣習の収益認識については、日本公認会計士協会が出している「会計制度委員会研究報告第 13 号　我が国の収益認識に関する研究報告（中間報告）－ IAS 第 18 号「収益」に照らした考察－」が大変参考になります。

5. 多額の研究開発費を計上しているケース

研究開発費については、日本基準では組織再編に伴い取得した仕掛中の研究開発費を除いて、研究開発費等に関する会計基準に従ってすべて発生時に費用処理することが求められています。これに対し、IAS 第 38 号「無形資産」のもとでは、開発費については一定の要件を満たす場合は、資産計上することが要求されています。また研究費についても、外部から購入あるいは組織再編に伴い取得した仕掛中のものについては、基本的に

資産計上することが求められています。そのため、多額の研究開発活動を行っている会社は、資産計上をしなくてはならないケースもあり、導入時のインパクトは大きくなると予想されます。

研究開発費の日本基準とIFRSの差異

	IAS第38号「無形資産」	日本基準
開発費	外部から購入あるいは組織再編に伴い取得した仕掛中の開発費については、原則資産計上。その他自己創設のものについては一定の要件を満たす場合は資産計上	組織再編に伴い取得した仕掛中のものを除いて発生時の費用
研究費	外部から購入あるいは組織再編に伴い取得した仕掛中の研究費を除いて発生時の費用	

一方で、年間の研究開発費の金額が大きくない会社については、それほど影響はないと考えられます。

（研究開発費については、p.241〜の第3編第2章 Point4 その他の資産、負債の論点 2.「ソフトウェア（研究開発費）について」の項を参照してください。）

6. M&Aの多いケース（のれん）

M&Aが多い会社においては、多額ののれんが発生あるいは今後発生する可能性があります。日本基準のもとでは、のれんは20年以内のその効果の及ぶ期間にわたって、定額法その他の合理的な方法によって規則的に償却する必要がありますが（企業会計基準第21号「企業結合に関する会計基準」32項など）、IFRSにおいてはこのような規則的な償却はしない代わりに、減損が必要かどうかの判定を行うことになります（なお、負ののれ

んについては、日本基準においても、IFRSと同じく、負ののれんが発生した事業年度の利益として処理します)。

このため、M&Aが多い会社の場合、相対的にIFRSの影響が大きくなることが予想されます。

以上、1.から6.まで、おおまかにIFRS導入にあたって影響が大きい会社の特徴をあげましたが、実際の導入にあたっては、直近の財務諸表あるいは予算ベースの財務諸表を使用して、日本基準とIFRSの差異分析表により影響の概算値を算定することが必要です。

7. その他、取引件数にも要注意

差異分析を行う場合、勘定科目の重要性や、基準の差異自体の大きさなどに注目しがちですが、その他の大事な視点として取引件数があります。ある勘定に関連するIFRS調整が必要となる取引につき、単に期間配分の違いだけで、調整する金額もそれほど大きくならないような場合は重要性がないとして後回しにしがちです。

しかし、関連する勘定科目の金額は小さいが、非常に多数の取引から構成されているような場合で、ほとんどすべての取引に影響が及ぶようなケース(例えば、原価計算に影響を与えるもので、品目別に正しく計算を行うような場合など)ではシステム対応せざるを得ず、対応に予想外に時間がかかってしまったということもありえます。

このような場合に簡便的な調整計算が容認される可能性もあ

りますが、簡便計算では正確な数値が算出できない場合は、本来の正しい処理での対応が求められますので注意が必要です。業種によりますが、差異分析表には、影響を受ける想定取引件数なども記入しておき、取引件数が多い項目は、重要性が高いとして早めの対応をしておくのがよいでしょう。

8. 逆に影響が比較的小さい会社もある

影響が比較的小さい会社としては、上記であげた影響の大きい項目がないのは当然ですが、次のような特徴もあげられます。

(影響の比較的小さいケース)
a. 売上対価の入金と売上計上時期が一致している会社
b. 取引件数が少ない会社
c. 上場準備会社(内部統制構築中の会社)

---

a.については、収益計上時期や債権の貸倒れの問題が生じる可能性は低いため、相対的に影響は小さくなると考えられます。極端な例でいいますと、例えば小売業などで、販売の都度、顧客から必ず現金のみを入金する場合は売上計上時期についてはIFRS導入による影響はありません。

ただし、カスタマーロイヤリティプログラムと呼ばれているような、顧客にポイントを与える処理など、その他の論点については影響があります。

役務提供についてはIFRSでは進行基準による収益認識が原則となりますが、日本の場合、収益認識方法はまちまちです。建設業のほか、一部の業種においては進行基準を採用している例

もありますが、多くは役務完了基準だと思います。これについても、例えば毎月役務提供を行い、その都度入金になるようなケースでは進行基準でも役務完了基準でも収益認識方法は原則一致することになるため基本的に影響はないといえます。

　b.については、取引件数が多くなければ、仮に日本基準とIFRS間で差異がある論点が多くても調整自体はそれほど大変にはなりません。よって、このような会社も調整する金額自体は大きくなるかもしれませんが、相対的に影響は少ないといえるでしょう。

　c.については、まだ本格的な内部統制の構築段階にあり、場合によっては会計方針も決まっていない可能性があります。そのため、最初からIFRSを採用して、内部統制の構築もそれに合わせて行えば、従来の日本基準を採用している会社よりも相対的に影響が小さいと予想されます。この点からいえば、すでに上場している会社よりも上場準備段階の会社は規模も小さいことが多く、内部統制の構築段階ということで、むしろIFRSを導入しやすいといえます。

Point 5

IFRS導入のデメリットの検討

　IFRS導入の主なメリットをあげましたが、次に反対にデメリットにはどのようなものがあるでしょうか。ここでは主なデメリットをあげたいと思います。やはり、ここでも本書が対象としている中

堅・中小規模の会社をイメージして検討しています。

（デメリットとしてあげられる点）
① 社内的な負担増加
② 要員の確保
③ 監査報酬やコンサル料などの費用の発生、監査対応資料の増加
④ 監査人からのレスポンスは大丈夫か
⑤ あまりにも詳細なIFRS対応規程の作成はメンテ費用の増加につながる
⑥ 原則主義であること（細かい指針がない）

1. 社内的な負担増加

　IFRSを適用しますと社内的な負担は間違いなく増えます。それも導入時だけではなく、IFRSと日本基準と2つの基準を常にキャッチアップしていかなくてはならないので、導入後も毎年の負担は増えます。すなわち、現時点ではIFRS適用は連結決算のみであり、単体決算（個別財務諸表）について日本基準を採用するという、いわゆる連単分離制度であるため、単体決算の内容を完全にIFRSに合わせることはできません。そのため、両者間での調整の大変さは差があるにしろIFRS組替作業は必ず発生します。

　またIFRSでは日本の開示より詳細な開示が求められるため、作成作業にかなりの時間がかかることになります。さらに、IFRS自体、今後も随時改正が予定されているため、そのキャッチアップも必要になります。もちろん、日本基準のキャッチアップも引き続き実施しなければなりません。将来的には、日本基準は基本

的にIFRSに近づいていく方向だと思われますので、差は少なくなるのかもしれませんが、仮に基準が変更となった場合、どこが同じになり、どこが異なるのか、その差を把握していくことは意外に労力が必要となります。

また差異分析から始めて、その差異に対する対応として、規程やマニュアルの整備、IT関連の整備、連結パッケージの対応、各自資料作成なども確実に負担になります。

2. 要員の確保

管理部門、特に経理業務まわりはITの発達もあり、最少人数で業務を行っている会社が多いと思います。IFRSにおいては、ルールベースの基準ではなく、会社にとってどのような会計処理がよいか原則に立ち戻り判断する必要があるため、そこの判断の部分については初めからITで判断というわけにはいきません。よって、IFRS導入にあたって、仮にそれほど多くの追加作業とはならなくても、既存の人材では対応できない事態も想定されます。

その際は既存の人材を育成する、外部から人材を招集する、外部のコンサルタント等を利用するなどの対応が必要となります。目標とする導入までの期間や、IFRS導入の予算等との兼ね合いになりますが、これら要員の確保は時間とコストがかかることは念頭に入れておいたほうがよいと思います。

3. 公認会計士の監査報酬やコンサル料などの費用の発生、監査対応資料の増加

　IFRS導入により、コンサル費用の発生や、連単で2つの異なった会計基準を対象とすることなどから、監査時間が増加し、よって、監査報酬が増額することも予想されます。コンサル料は導入時のみのインパクトで済む可能性がありますが、監査報酬の増額は恒常的な費用負担となります。もちろん、全体的なメリットを考えるならば、監査報酬の増加等は微々たるものかもしれませんが、いずれにせよ、あらかじめ検討しておく必要があります。

　監査報酬だけでなく、監査の際に要求される資料が増加することも予想されます。これなども監査人とよく打ち合わせしておく必要がありますが、アドバイスとしては、連結パッケージを作るときに、IFRS対応の監査に必要な資料も一緒に揃えるような連結パッケージにしておく工夫がよいと思います。

4. 監査人からのレスポンスは大丈夫か

　また、監査報酬の点ばかりでなく、公認会計士、監査法人側でのレスポンスの問題も大切です。監査人がグローバルなメンバーファームに所属しているような場合、IFRS上の論点について、極端な例をいえば、海外の本部に問い合わせが必要になるケースが想定されます。このようなケースでは、日本基準の場合に比べて、監査人のレスポンスに余計に時間がかかることになります。また、本部に問い合わせないまでも、日本の同じ法人内

で、IFRS担当部署がわかれているケースでは、監査担当者では様々な相談事項には答えられないケースもでてくることが予想されます。そうした場合にも通常よりも回答に時間がかかることが想定されます。このような事態もあらかじめ想定しておく必要があります。いずれにせよ、監査人とよく打ち合わせして導入時に「監査法人からの回答が遅くて困る」ということのないようにしておくべきでしょう。

5. あまりにも詳細なIFRS対応規程の作成はメンテ費用の増加につながる

　IFRS対応の規程やマニュアルを外部委託で作成したような場合、外部の専門家の力が入りすぎてしまって、あまりに詳細なものを作ってしまうと、IFRS導入後、今度は自社でメンテナンスしようとしてもなかなか困難になります。この場合は導入後もこれらのメンテナンス費用がかかってしまいます。導入を検討する際は、事前に当該影響についても検討しておく必要があります。

6. 原則主義であること（細かい指針がない）

　IFRSは原則主義のため、会社の実態をより適切に表示できると考えられますが、一方で、日本基準のように細かい指針がないことはデメリットといえるかもしれません。

　指針がないということは、個々の会社が自社に合った判断基準を設定する必要があるということですが、従来の細かい指針に慣れている多くの会社にとって、最初は大変と感じるかもしれま

せん。

Point 6
上場準備会社は、IFRS導入に適している

　次に上場準備会社におけるIFRS適用について考えます。

　p.155のPoint4の8.のc.にも上場準備会社はIFRS導入の影響が小さいと書きましたが、むしろ積極的に考えて上場準備会社は、以下の点からもかえってIFRS導入に適しているのではないかといえます。

① 会社の規模が小さい段階で、IFRSを導入する場合は影響が小さいと予想されるため、適用しやすい
② 上場準備では、内部統制の構築等を初めから行うため、IFRSのもとで要求される資料も作成しやすい
③ そもそも財務・経理の人材の補強は必要であり、それについても初めからIFRSをわかっている人材を登用しやすい

　すでにいったん日本基準であらゆる態勢をがっちりと作り上げてしまった大規模な上場している会社（特に歴史のある会社）に比べて、ある意味、まだ規模が小さく、これから諸々の態勢を作っていこうとしている会社の方が導入しやすいのではないかと考えられます。

　一方、上場準備の会社として、IFRS任意適用要件が緩和されたのは最近のことであり、どこまでの態勢と精度が求められる

のか、現時点では明確とはいえませんが、今後の事例に注目かと思います。

すなわち、上場審査の際も、IFRSに基づく内部規程の整備、財務諸表の作成、開示は最重点審査項目になると考えられますので、これらをきちんとクリアする必要があります。そのためにはどこまで整備したらよいかについてまだ不確定要素が多いとは思いますが、投資家に対する説明責任がきちんと果たしていくことについては日本基準であっても同じことだと思いますから、IFRSだからといってより厳しいとか優しいとかいうことではないと考えます。

ただ、固有の論点としては、IFRSでは基本的に簡便法の規定がないため、重要性により本来の会計処理をしていない場合や、基準上は開示が要求されているものの、重要性がないため開示を行っていないような場合、上場審査でそれらがどのような扱いになるかは今後、実務が成熟してこないとなんとも言えないところがあります。

もちろん、先行してIFRSを任意適用している上場会社のレベルと同水準であれば基本的には問題はないはずです。上場準備会社が導入し始めれば、既存の会社も導入に弾みがつくと考えられますので、是非、多くの会社がIFRSでの上場にチャレンジして欲しいところです。

Point 7

日本基準とIFRSとの差異分析とその調整上での留意点

ここからは、IFRSを実際に導入して気がついた点なども織り交ぜながらより実務的な検討をしていきます。

1. 個別財務諸表（単体決算）においても可能な範囲でIFRSへ合わせる変更をするのが有効

なんといってもスタートは、その会社においてIFRSと日本基準との会計処理の差異の把握です。ただ、その前提として、本書としてはp.264〜の第3編第3章Point2でも述べますが、個別財務諸表で可能な範囲（日本基準の解釈の範囲内）でのIFRSへ合わせるための会計基準の変更を推奨します。

IFRSは連結決算ベースでの開示ですが、IFRSに移行後も個別財務諸表（単体決算）は日本基準での開示が求められています。財務諸表の利用者の立場からすれば、同一環境下の同一取引については同じ会計基準を採用すべきですが、連結決算はIFRS、個別財務諸表（単体決算）は日本基準といった具合に会計処理が異なると、同一環境下の同一取引について異なる会計処理を採用していることになってしまい、実は財務諸表の有用性、利用可能性が低下します。

このような事態を解消するため、日本基準で作成した場合と

IFRSベースで作成した場合との差異の説明を記載することになりますが、財務諸表利用者の観点からは個別財務諸表も可能な限り会計方針を変更してIFRSと統一を図ったほうが望ましいのは間違いありません。

個別財務諸表もIFRSと同じ会計処理に極力合わせば、IFRS調整を減らすことにより決算の効率化を図ることもできます。またIFRSを導入する場合は経営管理もIFRSベースで行うべきですが、そのための意思決定資料も日本基準ベースのものとIFRSベースのものとが混同するような事態にならなくてすみます。

2. 差異分析表を使った差異の洗い出し

その会社においてIFRSと日本基準との会計処理の差異の把握にあたっては、差異分析表を使った分析が有効です。差異分

差異分析表のイメージ

勘定科目名	●年●月期決算数値	取引件数	関連する内部統制	金額的に重要な項目かどうか	差異調整によって影響を受ける勘定科目	質的に重要な項目かどうか	関連するIFRSの基準
建物	○○	○○件	固定資産管理プロセス	重要	減価償却費（製造原価及び販売費及び一般管理費）	―	IAS16号「有形固定資産」 IAS23号「借入費用」 IAS40号「投資不動産」 IAS36号「資産の減損」 IAS17号「リース」 IFRS5号「売却目的で保有する非流動資産及び非継続事業」 IFRIC4号「契約にリースが含まれているか否かの判断」 SIC15号「オペレーティングリース-インセンティブ」 SIC27号「リースの法形式を伴う取引の実質の評価」 ・ ・

析表のフォームですが、例えば、一番左に会社の勘定科目と直近の金額を記載したうえで、その右に必要事項と思われる事項の欄を作り、関連するIFRSの基準、その内容などを書き、さらに現行の日本基準のもとでの会社の会計処理または開示を記載し、検討事項や会社における影響なども書いて一覧表にするのがよいと思います。もちろん、こうでなくてはいけないというものではありませんので、会社ごとに創意工夫して作られるとよいと思います（下記の図を参照してください）。

　この差異分析表の作成により、勘定科目別に差異が明確になるうえ、財務諸表にどの程度インパクトがあるのかも同時にわかるようになります。こうして一つひとつの論点について差異調整が必要かどうかの検討、例えば、売上計上基準の変更は必要ないかなどを検討していき、差異がある項目については、具体的な対応策を記載することにより、今後やるべき作業が明確になります。

差異の可能性がある項目	現時点で差異があると考えられるIFRS規定の内容	現行の会社の処理	導入された場合の検討事項	会社における影響
減価償却の単位	IFRSのもとでは重要な構成部分は個別に減価償却を行う必要がある。初度適用における、みなし原価の計算可能性と同時に、コンポーネントアカウンティングの適用対象となる固定資産の識別が必要。	すでに日本における現行実務において細分化がなされた上で減価償却が行われていると考えられているが総合償却などの場合は細分化が必要である。	すでに適正に細分化されているため問題ないと考えられる。	現時点では当該論点については大きな影響は予想されないが、固定資産台帳の検討により調査は必要である。

第1章　IFRS導入手続のポイント

3. 差異分析表の作成の留意点

差異分析表を作成するにあたって、いくつかの留意点があります。

- まずは網羅性に留意する。
- 金額的かつ質的にも明らかに重要でないものは最初から除く。
- 採用する基準は、IFRS 報告日時点で有効な基準に基づく必要があることに留意する（下記の 4. を参照してください）。
- 監査人にも早い段階でチェックしてもらう。
- 勘定科目については金額も入れる。
- ある勘定科目に差異がある場合、差異調整によって影響を受けると想定されるその他の勘定科目も記載できるようにする。
- 連結決算に関する差異分析表も作成しておく。
- 重要な子会社についても同様に作成する。

勘定科目ごとに差異を記載していきますが、差異分析表のもととなる日本基準と IFRS の差異に関する資料や書籍は、現時点でも多数あります。それらを参考に作成することが考えられます。これで大半の差異は網羅できると思います。市販の本などを参考にする場合に注意しなくてはならないことは、大きな概略の説明程度のレベルのものから、基準をほぼ網羅しているものなど様々なレベルのものがあるので、どのような参考書を使ったらよいかということです。

ほぼ完全に記載されているような資料をもとにチェックリストを

作成したとすると、網羅性は担保できますが、ささいな論点まですべて検討が必要になってしまい、作成とその検討に時間ばかりかかってしまうことになりかねません。入門書のようなレベルの資料では問題がありますが、スタートは重要な論点はほぼ網羅されていると考えられる程度の資料で問題ないと思います。

　いずれにせよ参考書は一冊だけに頼らずに複数の本やインターネット情報（ただし、信頼できる情報）などを研究してみる必要はあります。

　監査人側もこの差異分析資料は必要になるため、監査人も当該資料の網羅性や正確性をチェックすることになります。ここで最終的に網羅性は担保できると思います。

　また、差異分析表を作成する際は、金額的かつ質的重要性がない勘定科目は、最初から深くは検討しないという方針でも問題ありません。金額的かつ質的に重要性がないこれらの項目については、どんなに詳細に検討したとしても結局はなにも調整しないという結論になると考えますので、無駄な作業を省くためにも除くのがよいでしょう。ただし、差異分析表の留意点の項目にも記載したとおり、日本基準ベースの該当する勘定科目には重要性がなくても、他の勘定科目の調整により大きな影響を受ける可能性もあります。そのため、差異調整によって大きな影響を受ける項目についての検討漏れがないように、調整により影響を受けると想定される関連する勘定科目も記載できるようにするのがよいでしょう。

　以上は会社が差異分析表の項目から作成する場合を記載しましたが、監査人から最初に差異分析表のひな型を入手して、そ

れをもとに会社が実際の差異分析を行うケースも考えられます。ただしこの場合でも、まず会社がその会社における差異分析表を作成し、その結果を監査人と協議することには変わりありません。

4. いつ時点の基準（IFRS）をベースに検討するか、IFRS 移行日でなく IFRS 報告日に注意

　IFRS 自体、随時アップデートされているため、どの時点の IFRS が適用になるかは非常に重要です。実際の適用時には、IFRS 移行日（初度適用の際に作成する開始財政状態計算書日）ではなく、IFRS 報告日（最初の IFRS 報告期間末日）時点で有効な基準に従う必要があります。そのため、想定されるスケジュールを検討したうえで、仮にアップデートされている基準が適用になりそうな場合は、アップデート後の基準をもとに検討しておく必要があります。

　なお、差異分析の資料は親会社だけでなく、重要な子会社分も作成しておくことが必要です。また決算日にずれがある場合の扱いや、税効果の扱い、資本連結における差異など、連結関係で重要な差異もいくつかありますので、連結決算に関する差異分析表の作成も必要になります。

5. 企業結合を予定している場合

　IFRS 導入後でも同じことがいえますが、特に IFRS 導入時に株式取得や、合併などの企業結合を予定している場合、被取得

会社の業務についてもグループ会社と同じように日本基準とIFRSの差異分析を行い、どのような調整を行うかを検討する必要があります。

そもそも、日本基準のもとでも、自社の会計方針と被取得会社の会計方針は一致していないことが多く、それらの統一のための検討及び作業は従来も行っていたと思いますが、これにIFRSの論点が加わると、より一層、時間と労力がかかることになります。特に企業結合の交渉の工程がかなり進んだ段階でのIFRS対応は、IFRS導入の進捗に大きな影響を与えますので、IFRS導入期間中に企業結合を予定している会社は、注意が必要です。

6. 初度適用の免除規定を最大限に利用する

IFRS第1号「国際財務報告基準の初度適用」において、初度適用の場合にのみ会社が自由に選択することができる免除規定が定められています。

例えば、有形固定資産の耐用年数や償却方法を変更しなければならなくなった場合、原則、すべての有形固定資産に対して過年度遡及修正を行い、取得時からIFRSを適用していた場合と同様の結果となるように計算し直す必要がありますが、IFRS移行日現在で公正価値測定を行った金額をみなし原価として、当該金額をベースにすることができる免除規定があります。これらの免除規定をうまく使えば、導入の際の作業と時間を大幅に短縮することもできるケースがありますので、積極的に利用してもよいと思います。

反対に、同じくIFRS第1号においてIFRS導入にあたって

の遡及適用を禁止する例外規定（例えば、非支配持分に対する一定の処理やヘッジ指定など）もありますので、これについての処理も検討しておく必要があります。

7. IFRS でも認められている原則的でない方法の利用の注意（あるとき、差異が発生することもある、棚卸資産の売価還元法等の利用の例）

IFRS にはある一定の条件の下で処理が求められている例外的な事項があります。例えば、IFRS のもとでも、棚卸資産原価の測定として標準原価や売価還元法の適用が認められていますが、適用する条件として、結果が実際原価と近似している場合のみ利用可能として認められています。

実際、日本でも標準原価や売価還元法による評価を利用している会社は多いと思います。そのため、IFRS 導入時における IFRS との差異分析のときに、そのときだけ重要な差異はないから利用可能であると判断する場合、あるいは差異はないことに加え、定期的に実際原価と近似していることの説明資料の作成は必要と認識したうえで利用可能と判断する場合があるかもしれませんが、その判断だけでは不十分といえます。なぜならば、利用可能な条件を満たさない場合に差異が発生することもあるからです。そして、もし、結果が近似していない場合は、実際原価での評価が求められます。

よって、このようなケースでは、あらかじめ、実際原価との結果が近似しているかということをどのような方法で測定していくのか、また、その結果、どの程度乖離したら原則的でない方法の

利用ができなくなるのか、また利用できなくなった場合の処理方法なども事前に検討しておくことが望ましいでしょう。

8. IFRSにおける詳細な処理方法がわからないものもある（有給休暇引当金の例）

　例えば、日本経済団体連合会「IFRS任意適用に関する実務対応参考事例」（2014年1月15日版）に、有給休暇引当金の処理について、次のような処理が紹介されています。
（1）先入先出法アプローチ（見解1）
　有給休暇繰越分のうち翌期消化見込み分については、当期に提供した勤務に基づき付与されたものであるため、当期末に引当計上する。
（2）後入先出法アプローチ（見解2）
　当期付与分の有給休暇については、当期の労務費に織り込まれており、引当計上はしない。当期付与分を超えて消化されると見込まれる場合のみ、「追加金額」として引当計上する。
（3）翌期首付与分も含めるアプローチ（見解1＋α）
　有給休暇繰越分のうち翌期消化見込み分（見解1）に加え、翌期首付与分の有給休暇のうち消化が見込まれる分についても、当期の勤務に伴って発生したものと考え、引当計上する。

　当該論点については、IFRSでは、どの処理を採用すべきかについて必ずしも明確ではなく、どれが正しいかは一概にはいえません。実際、この日本経済団体連合会の資料でも、このうちのどれを採用しているかは各社によって分かれていることを示して

います(当該論点についてはIAS第19号の結論の背景BC26により、後入先出法アプローチによることが記述されていますが、日本におけるIFRS適用においては、この解釈に幅があることを示しています)。

このように処理が明確でないものについて、会社がどの方法を採用すべきかの判断ですが、すべての方法で試算してみて単に最も影響が少ない方法を採用するというようなことはあまり望ましいとはいえません。大切なのは、会社及び監査人が自信をもって正しいといえる計上根拠を用意しておくことです。会社の置かれている状況も勘案して、採用した方法が自社にとって当該引当金の最善の見積りであると説明できるならどの方法でも問題はないと思います。ルールベースの日本基準ではあまり考えられなかったことですが、プリンシプル・ベースのIFRSではこのような判断も求められます。

ただ、実際には先行して適用している他社事例や監査人の意見、外部のコンサルタント、いろいろな文献を参考にしながら、会社に適した処理を検討しなければなりません。いろいろと検討することが、結果的には最善の処理の選択の不可欠な方法になると考えます。

Point 8

個別財務諸表(単体決算)における日本基準の変更

個別財務諸表(単体決算)段階でIFRSに合わせる方針を選

択することを本書では推奨しています（連単の一致については、第3編第3章Point4、Point5を参照してください）。

その場合、考慮しなければならない点が2つあります。
① 会計方針の変更が正当な理由として認められるものなのか、
② そもそも日本基準の枠内でそのようなIFRSに合わせた処理が受け入れられるかどうか、
についての検証が必要になります。

①の「会計方針の変更が正当な理由として認められるか」についてですが、個別財務諸表段階で会計方針を変更する場合、タイミングとしては

- 将来のIFRS移行をにらんでIFRS導入より前の期に会計方針を変更しておくパターン
- IFRS移行時に同時に（または移行後に）日本基準も変更するパターン

に分けられると思います。

まず前者の場合は、そのタイミングで会計方針を行ったことに対する正当な理由のほか、従来の会計処理よりもより適正に会社の財政状態及び経営成績を表示することになることを証明する必要があります。

昨今の経済状況の変化により、このタイミングに至って変更が必要になった、あるいはシステム変更を行った結果、より望ましい会計処理の採用が可能になったなど正当な理由としてはいろいろとあると思いますが、単に将来のIFRS導入をにらんで、事前準備のための会計方針の変更というだけでは、会計方針の変更が妥当であるといえない可能性があります。監査人とも事前の打

ち合わせをしておく必要がありますが、そもそもなぜIFRSを採用しようとしているかということにも絡めて、よく検討することが必要です。

　次に②ですが、連結決算をIFRSで作成するため、個別財務諸表でも会計方針の変更を日本の会計基準の枠内で最大限受け入れられる範囲内で行い、IFRSの処理にできるだけ合わせようというものです。先にも述べたように同一環境下の同一取引については、会計方針を統一するというのが大原則です。そのため、連結決算と単体決算の会計方針を合わせるために同時に会計方針を変更するというのは、タイミング的には問題ないと考えます。あとは、従来の会計方針よりも、より適正に会社の財政状態、経営成績を表示することになることを証明すればよいことになりますが、そもそもIFRSを適用しようとした理由の一つに日本基準よりもIFRSのほうがより会社の決算を適正に示すという判断があったはずで、その論理からすれば、個別財務諸表もIFRSの規定の趣旨を踏まえた説明ができれば問題になることはほとんどないでしょう。

　なお、以下はIFRSの任意適用を行っているトーセイ株式会社（東証一部）の平成25年11月期における個別財務諸表での会計方針の変更例を参考までに該当箇所を引用します。当該会社は不動産会社であるので、やや特殊な論点もありますが、下記のように賃貸収入計上の際のフリーレントの扱い、借入コストの融資事務手数料の処理、退職給付債務の計算方法、販売用不動産の減価償却の扱いなどについて、変更の理由の妥当性を述べるとともに国際会計基準による開示を契機にという文言を用いて、個別財務諸表の段階でもIFRSに合わせるための会計方

針の変更を行っています。少し長くなりますが、公表資料からの引用のためそのまま記載してあります。下線部分は筆者の加筆です。なお、影響額の注記部分は一部省略しています。

> （会計方針の変更）
> （賃貸収入の会計処理）
> 　フリーレント期間中の賃貸収入について、従来、フリーレント期間終了後から収益認識しておりましたが、当事業年度より契約期間にわたって収益認識する方法に変更しております。この変更は、日本においても<u>当連結会計年度より連結財務諸表を国際会計基準により開示するのを契機</u>に見直しを行った結果、フリーレント期間中の賃貸収入の重要性が増してきていること及びフリーレント期間終了後も引き続き賃貸借契約が継続している実態があること並びに同一環境下で行われた同一の性質の取引等につき会社集団として会計処理の統一を図るためのものであります。
>
> 　当該会計方針の変更は遡及適用され、前事業年度については遡及適用後の財務諸表となっております。
>
> （借入コストの会計処理）
> 　借入コストのうち融資事務手数料について、従来、支出時に費用処理しておりましたが、当事業年度より借入期間にわたって費用処理する方法に変更しております。
>
> 　この変更は、日本においても<u>当連結会計年度より連結財務諸表を国際会計基準により開示するのを契機</u>に見直しを行った結果、融資事務手数料の重要性が増してきていること及び当該費用の効果は借入期間にわたって及ぶことから、期間按分することがより期間損益の適正化に資するものであること並びに同一環境下で行われた同一の性質の取引等に

つき会社集団として会計処理の統一を図るためのものであります。

　当該会計方針の変更は遡及適用され、前事業年度については遡及適用後の財務諸表となっております。

（退職給付債務の計算方法）
　従来、退職給付債務の計算を簡便法によっておりましたが、当事業年度より、原則法により計算する方法に変更しております。

　この変更は、日本においても当連結会計年度より<u>連結財務諸表を国際会計基準により開示するのを契機</u>に退職給付債務の算定をより合理的な方法に見直し、これにより期間損益の適正化を図ること及び同一環境下で行われた同一の性質の取引等につき会社集団として会計処理の統一を図るためのものであります。

　当該会計方針の変更は遡及適用され、前事業年度については遡及適用後の財務諸表となっております。

（販売用不動産に関する会計処理）
　当連結会計年度より<u>連結財務諸表を国際会計基準により開示するのを契機</u>に、販売用不動産に関する会計処理を変更しております。

(1) 販売用不動産の費用配分方法
　従来、販売用不動産につき減価償却を行っておりましたが、当事業年度より減価償却を行わない方法に変更しております。

　この変更は、保有する期間における減価要因は「棚卸資産の評価に関する会計基準」の適用により適正に簿価に反映されているため、減価償却を行わないことがより適正な期間損益計算を行うことになること及

び同一環境下で行われた同一の性質の取引等につき会社集団として会計処理の統一を図るためのものであります。

(2) 借入コストの処理方法
　従来、借入コストについては発生時に費用処理を行っておりましたが、当事業年度より一定の販売用不動産に対する借入コストの一部を資産に計上する処理方法に変更しております。
　この変更は、当社の借入は物件ごとに資金調達を行うのが通例であり、一般の支払利子とは性格を異にするので、重要な原価要素としての性格が強く、資産化を行うことでより適正な期間損益計算を行うことになること及び同一環境下で行われた同一の性質の取引等につき会社集団として会計処理の統一を図るためのものであります。

(3) 販売用不動産にかかる広告宣伝費等の処理方法
　従来、販売用不動産にかかる広告宣伝費等については、該当物件売却時に費用処理する方法によっておりましたが、当事業年度より発生時に費用処理する方法に変更しております。この変更は近年、広告宣伝費と収益の対応関係が希薄化する傾向にあり、広告宣伝費等の資産性につきより厳密に検討した結果、発生時に費用処理を行うことがより適正な期間損益計算に資すること及び同一環境下で行われた同一の性質の取引等につき会社集団として会計処理の統一を図るためのものであります。

　上記(1)から(3)の販売用不動産に関する会計処理の変更は遡及適用され、前事業年度については遡及適用後の財務諸表となっております。

　引用は以上ですが補足すると、上記の変更後の会計処理は当然に、いずれも日本基準の中でも認められているものです。例え

ば、借入費用の資産化については、日本基準においても以下の根拠で認められています。

- 「会社会計原則と関係諸法令との調整に関する連続意見書」第三「固定資産の取得原価と残存価額」
  「2 自家建設固定資産を自家建設した場合には、適正な原価計算基準に従って製造原価を計算し、これに基づいて取得原価を計算する。建設に要する借入資本の利子で稼働前の期間に属するものは、これを取得原価に算入することができる」
- 日本公認会計士協会業種別監査研究部会「不動産開発事業を行う場合の支払利子の監査上の取扱いについて」

ただし、日本基準では物件に紐づかない借入れに係る借入費用について、IAS第23号「借入コスト」のように資産化率を使用して一般借入費用を資産化することは認められていません。個別財務諸表上この方法は採用できないため、資産化率を使用して資産化を行う場合はIFRS調整を行う必要があります。そのため当該会計方針の変更は、一般借入費用の資産化は含まれておらず、あくまで日本基準で認められている範囲内での変更であると考えられます。しかし、当該会計方針の変更により多くのケースで当該論点に関するIFRS調整は不要になると思われます。

なお、今回、引用したトーセイ株式会社の場合、会計方針の変更を行った年度は日本では初めてのIFRS適用にはなるものの、シンガポールでの上場が先にあり、このために連結決算においてはIFRSベースの開示を先に行っていたため、日本において単体決算上、IFRSに合わせるための会計方針の変更を行った

年度は、IFRS任意適用の連結決算の2期目にあたるため、IFRSの初度適用には当たらないケースです。

Point 9

経営管理はIFRSベースか、日本基準ベースか

　連単で異なる会計基準を使うことの弊害として、経営管理をどちらの基準に基づいて行えばよいのかといった大きな問題があります。経営判断をするときに、連結決算と単体決算で、例えば、売上の計上基準が違うということになれば、どの数値を使って経営判断すべきなのか、混乱を与えることにもなります。よって、IFRS導入の大きなポイントとして、連単分離による異なる会計基準の存在は、単なる会計基準の問題だけではなく、経営そのものに大きな影響を与えかねないため看過できないと思われます。

　また、純粋に連結決算作成のためには、仮にIFRS導入後においても日本基準で作成した経営管理資料をベースに意思決定を行っていたとしても、連結決算での会計上の見積りへの対応としては以下のようにIFRSベースの資料が必要になると考えます。
（なお、関連した内容については、第3編第3章Point3「経営管理資料の作成は、日本基準かIFRSか」においてあらためて議論します。）

1. 会計の見積りに使う数値はIFRSに直さなければ有効な根拠資料とならない

　減損や税効果会計の処理等、会計の見積りに際して、経営サイドが判断した経営計画等が重要な根拠資料になりますから、それが日本基準のままでは連結決算上有効な根拠資料にはなりません。

　すなわち、各種減損の検討などの際に、過去の実績や将来の予測財務諸表を使用することがありますが、これらはIFRSベースの数値である必要があると考えられます。IFRS調整仕訳によりIFRSベースに直しただけで、見積りに使用する予測財務諸表は日本ベースのままというのでは、見積りに際して有効な根拠とはなりません。

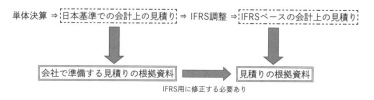

2. セグメント情報は日本基準で作成し、調整によりIFRS開示の数値と一致させる

　日本基準においても、セグメント情報の作成はマネジメント・アプローチが採用されており、経営者が実際に意思決定に使用している資料が開示のベースになります。

IFRS を導入したならば本来は、IFRS ベースで意思決定を行うべきですが、仮に日本基準で作成した数値をもとに意思決定を行っている場合は、セグメント情報も IFRS ベースではなく、日本基準の数値になると考えられます。この場合は、セグメント情報の数値と IFRS ベースの数値の調整表により、IFRS 開示ベースの数値と一致させる必要があります。

Point10
会社としては、経営的な面からも連単分離はできるだけ避けたい

　連結決算と単体決算の会計方針を極力一致させることにより、財務諸表利用者の利便性が高まる、決算合理化が図られる、経営管理資料の統一化も図られるなど大きなメリットがあります。一方で、どうしても分離が避けられない論点もあります。例えば、日本基準においてはのれんの償却は 20 年以内の効果が及ぶ期間で償却することが求められますが、IFRS 第 3 号「企業結合」では非償却としてうえで、毎期または減損の兆候があるときは減損テストを実施することになっています。

　このように日本基準のもとでは認められない論点がある場合は必ず乖離が生じてしまいます。ただし、これらの項目は限られており、IFRS 調整仕訳により、連結仕訳の一環として処理することが可能な項目が多いため、作業的にはそれほど問題にはならないと思います。また、同じく経営管理資料等の調整も容易にできるものと考えます。

1. 連単一致のためのアドバイス、契約の変更により、従来の日本基準のままにできるか

契約の変更を行うことにより、日本基準とIFRSとの差を埋めることができるケースもあると思います。

例えば、売上計上において、日本基準は出荷基準、それに対して新しいIFRS第15号「顧客との契約から生じる収益」によると、履行義務の充足基準（顧客が財又はサービスの支配を獲得した時）ですが、商品の販売契約で、所有権移転時期を「出荷の時」と明記すれば、従来通りの出荷基準が認められる余地は大きくなるでしょう。もちろん、法的に移転したからといって、すべて収益認識タイミングがそれに一致するとは限りませんが、大いに検討する価値はあります。

また、海外子会社などで、機能通貨が現地通貨ではないと判定されてしまうような場合、決済条件を現地通貨に変更することによって、現地通貨を機能通貨にするなどの対応も考えられます（ただし、この場合、為替変動リスクのポジションが変わってしまいますので、その手当ては別途必要です）。

契約の変更は、相手との交渉が必要となるため、必ずしもうまくいくとは限りませんが、監査法人のみならず必要に応じて弁護士も含めてこのような方法も検討してみる余地はあると思います。

2. 連単一致のためのアドバイス、良好な内部統制を活用

例えば、売上を先方への検収基準に変更する場合、検収日が

わかる外部の証憑によって売上計上する方法ももちろん考えられますが、入庫日＝相手の検収となるような状況では外部資料の入手を待たずとも簡便的に販売管理システム上の到着予定日を利用して内部資料だけで売上計上することができれば、単体決算でも検収基準をスムースに使うことができます。

　ただし、これが認められるのは以下の要件をクリアする必要があります。

　① 到着予定日が正しく入力されていること
　② 事後的に到着予定日と実際到着日（＝先方の検収日）のずれがないことを確認していること

　この要件をクリアしているかどうかについては、内部統制のキーコントロールに加えて整備運用状況の検証を行うことにより確認するのがよいでしょう。

　このように、良好な内部統制を前提に、外部証拠ではなく会社の内部証拠による会計処理が認められるケースもありますので、うまく活用できれば合理化につながります。

　なお、単体決算において収益認識が遅くなるような変更の場合は税務上の扱いについては別途検討する必要があります。
（税務との問題については、p.306～第3編第3章 Point12 を参照してください。）

Point11

IFRS適用となって、監査法人の監査に対応する諸々の資料の作成はどうなるか

　監査法人の監査に対応する資料もIFRS特有な分について今までよりは多くなります。ただし、これらは監査のためにというよりも、もともと会社自らのために当然に用意しておくべき資料だと思います。

1. 既存の監査対応資料の見直し

　IFRSではその適用にあたって、毎期様々な検討作業が要求されています。その多くはすでに日本の基準でも要求されている事項であるため、IFRSになったからといって監査への対応は基本的には同じことです。監査対応資料をIFRSベースのものに変更するだけですみます。その中でも特に減損や繰延税金資産などの見積りが必要なものについては、IFRSベースに従った検討資料となっているか、また連結決算特有のものとしてはIFRSに従った連結範囲や持分法適用範囲の検討などがIFRSに従った検討資料となっているかについて、事前に監査人とよく協議しておく必要があります。

2. 新たな監査対応資料の作成

また、次のように IFRS 適用に伴い会計処理の扱いが変わるものについて会社にとって監査対応資料として新たに作成すべきものもあります（以下はあくまでも例示です）。

- 市場価格のない有価証券など：公正価値の検討
- 棚卸資産：標準原価法及び売価還元法を使用している場合、その適用結果が原価と近似していることの検討
- 棚卸資産の評価減、金融資産、固定資産の減損：減損及び減損の戻入の兆候を把握しているか
- 固定資産：残存価額、耐用年数及び減価償却方法の毎期の見直し
- 在外子会社、在外支店：機能通貨の妥当性の検討
- リース：契約にリースが含まれているか否かの判断及びリースの法形式を伴う契約の実質評価
- 簡便的な処理：重要性により簡便的な処理で問題ないことの検討

なお、固定資産の耐用年数については多くの会社が税務上の耐用年数によっていると思われますが、IFRS においては適切な耐用年数を改めて検討しなくてはならなくなります。今までであっても、内部統制報告制度において、固定資産管理プロセスが評価対象となっていた場合や、業種によって、税務上の基準とは異なる耐用年数等を使用していた会社はこれらの検討を行う態勢がある程度できていたと思いますが、今後はそれらの会社以外にも広く検討資料の作成が必要となります。

3. 重要性がないケースにおいて監査対応資料はどうするのか、重要性がないことを確認する資料はとても重要

　重要性がないため、IFRS導入に際して、IFRSの原則的な方法ではないものの従来の日本基準をそのまま使用できるケースもいくつか考えられます。例えば、300万円以下のファイナンス・リースのオフバランス処理や、退職給付債務の日本基準の簡便法による計上、少額資産の費用処理などがあげられます。これらは重要性の観点からそのまま認められる余地は十分にありますが、その場合でも、重要性がないことの確認は常に検討しておくことは必要です。実は重要性がないという判断をどのように行うかについてはIFRSにおいては、とても重要なポイントです。
（重要性についての検討はp.253～の第3編第3章Point1を参照してください。）

4. 検証可能性の観点から、特に調整仕訳と根拠資料の整合性は大切

　IFRSの初度適用時は、どうしてもスケジュールがタイトになりがちです。特に数期分のIFRS財務諸表を作成することになりますが、基本的に過年度遡及も必要となるため、根拠資料の整備も大変です。
　スプレッドシートをもとに調整仕訳を起票していた場合、後でどの数値とつながるのか、また対応する根拠資料との整合性などについて、作成した担当者も思い出せないぐらい混乱してしまう

可能性もあります。このため、各種調整資料は早めに監査人側に提示し、検証可能性に問題ないか等の観点からのチェックも行うことが必要です。

Point12

IFRS導入は、会社の内部統制に与える影響はどうか

1. RCM（リスク・コントロール・マトリックス）を洗い直して影響を検討

　IFRSの導入といってもそれによって会社のビジネスの業態を変えるわけではありませんから、その影響は決算財務報告プロセスに限定されると思われがちです。しかし、実は、会計基準の変更は日々の業務の管理体制を含めて、内部統制制度にいろいろと影響を与える可能性がありますから、一度しっかり洗い直してみる必要はあるでしょう。

　具体的には、差異分析表に、関連する各内部統制（販売プロセス、購買プロセス、製造プロセス、在庫管理プロセス、固定資産管理プロセス、給与プロセス、財務プロセス、決算財務報告プロセス及び関連するIT統制など）と、当該内部統制に与える影響も記載してみるのがよいでしょう。内部統制報告制度により、関連するRCMがある程度整備されている場合は、これらを利用することになります。

RCMのサンプル

差異分析表（一部）

勘定科目	関連する内部統制	導入された場合の対応
売上	販売プロセス	売上の収益認識基準を出荷基準から検収基準へ変更する

RCM（一部）

販売プロセス

リスク	対応する内部統制	関連するアサーション
売上計上時期を誤るリスク	管理部は販売先より検収書を入手し、売上計上記録との整合性を確かめる	期間帰属の適正性

　例えば、一つの大きなポイントとして出荷基準から検収基準に変える場合、日々の取引を検収基準に変えるか、決算時の調整仕訳として対応するかで、内部統制に与える影響も大きく異なります。前者でしたら、販売プロセスや在庫プロセスなどの関連する内部統制の見直しが必要となりますが、後者のパターンでしたら、場合によっては決算財務報告プロセスのみの対応で十分かもしれません。ただし、IFRSベースで経営管理を行うなら、内部統制の見直しも併せて行うべきです。

2. IFRSは広範囲に内部統制に影響を及ぼす可能性あり、特に見積りの項目ではIFRSベースの検討資料が有効に作られる内部統制が求められる

　従来、日本基準においても、新しい会計基準が適用になる場合、それに合わせた内部統制システムの構築をしてきたわけですが、この場合は、内部統制の対応として決算財務報告プロセスの見直しで対応できていたケースが多かったと思われます。IFRS導入といっても、一つひとつをみれば単に新会計基準を採用するのとなんら変わることはないわけですが、IFRS導入時においてはその影響が広範囲に及び、また検討しなければならない論点も多いというのが特徴的なところです。

　決算財務報告プロセスにおいて、一番問題が生じるリスクがあるのは、見積りに関する項目といえます。例えば、各種減損の検討や引当金の計上、繰延税金資産の回収可能性の検討などがあげられます。これらは日本基準のもとでも、重要な項目として扱っていたと思いますが、IFRSの導入は、これらの見積項目において検討資料、根拠資料もIFRSベースで作らなければならず、その資料が信頼性をもって作られるためには良好な内部統制システムが不可欠となります。従来の日本基準に基づくものだけでなく、特に連結決算においてIFRSベースでの見積りのために様々な追加資料が必要になるほか、そもそも見積りのロジック自体が日本基準とは差異があるため、追加的資料でなく、新たに構築する部分もあるかもしれません。

　ロジック自体の差異として　イ.各種減損の検討、ロ.引当金の

計上、ハ．繰延税金資産の回収可能性の検討について例をあげると、

　イ．固定資産の減損については、

　　　日本基準では減損の兆候があった場合、次に減損損失を認識するかの判定を割引前キャッシュ・フローと帳簿価額を比較することによって行いますが、IFRSでは減損の兆候があった場合、回収可能価額と帳簿価額の比較により、減損損失を認識するかの判定を行うことなく減損の測定を行うことになります。

　ロ．引当金については、

　　　日本基準では、企業会計原則注解18の規定により「将来の特定の費用又は損失であって、その発生が当期以前の事象に起因し、発生の可能性が高く、かつ、その金額を合理的に見積ることができる場合」に引当金を計上することが求められており、IFRSのように現在の債務であることは求められていません。

　ハ．繰延税金資産の回収可能性については、

　　　日本基準では「監査委員会報告第66号繰延税金資産の回収可能性の判断に関する監査上の取扱い」により回収可能性を判定していますが、IFRSにおいてはこのような詳細なガイダンスは存在しないため、各会社の実態に応じてその回収可能性を判断することになります。

　　（当該第66号は、現在、ASBJで見直し中です。）

　上記はいずれも代表的な例ですが、どの会社にも当てはまるポイントであり、IFRS導入時は細心の注意を払う必要があります。

3. 従来の日本基準では存在しなかった管理業務も登場

　従来の日本基準で存在しなかった業務の登場もあります。例えば、収益認識において、今までは別々の取引としていたものをいくつかの取引を結合しなければならないケースがあります。日本においても工事契約に関する会計基準や、情報サービス産業など一部では同様の考えがすでに取り入れられていますが、今後はその他の業界においても取引の結合が妥当であるかの検討プロセスが新たに必要になります。

　固定資産の減価償却においても、従来は一体としてみなしていたものを分解して、例えば、ジェット機の本体とエンジンを分離して減価償却するなどといった処理も必要となる場合があります。このような場合、当然に固定資産台帳にも影響があります。具体的な管理体制にも影響があるかもしれません。それらの検討について、どのセクションが資料を作成して、どのセクションがチェックを行い、承認すべきかについては置かれた状況によって様々です。追加される内部統制プロセスについてはいつ、誰が、どのような資料に基づき、どのような方法でチェック、承認を行うのか、不正や誤謬を防ぐ観点から適正にデザインした上で運用していかなければなりません。追加プロセス数が多くなるとそれだけ時間がかかりますので、早めの対応が必要です。

Point13

日本基準とIFRSとの基準間差異が会社の利益に与える影響と差異調整の難易度別対応

　IFRS導入にあたってまず作成すべき資料は基準間の差異分析表です。差異分析表で利益に与える影響を検討します。差異分析を行った後でないと、その後の工程についてどのぐらい工数がかかるかわかりません。そのため、工程表の作成は、差異分析までを一つとし、その後の工程は差異分析を終えてから実施するのがよいと思います。

　当該表は、基本的には勘定科目別に論点を作成しますが、その際、過年度数値あるいは予算数値を各勘定科目に入れていておけば、ある程度の利益に与える影響を計算することができます。

　利益に与える影響の程度と、差異調整の難易度により以下にように分類することができます。

利益に与える影響の程度と差異調整の難易度による分類のイメージ

	差異調整の難易度が高いもの	差異調整の難易度が高くないもの
利益に与える影響が大きいもの	a　細心の注意を払う必要あり、早めの対応が必要	b　よく注意を払う必要あり
利益に与える影響が大きくないもの	c　調整を行うのであれば、注意を払う必要あり、金額によっては調整不要の場合もあり	d　重要性がなければ、調整不要の場合もあり

（a～dの説明）

a：利益に与える影響が大きく、差異調整の難易度も高いもの（例：収益認識に関するもので、取引件数が多い場合）

b：利益に与える影響は大きいものの、差異調整の難易度は高くないもの（例：収益認識に関するもので、取引件数は多くない場合）

c：利益に与える影響は大きくないものの、差異調整の難易度が高いもの（例：非上場株式について金額的影響は少ないものの、見積りに困難を伴う場合）

d：利益に与える影響は大きくなく、差異調整の難易度も高くないもの（例：300万円以下のファイナンス・リース取引でその件数が多くない場合の取扱い）

　a、bについては調整が必須です。特にaについては早めに着手する必要があります。bについては、実務上問題になることはあまりないと思いますが、いずれにせよ、a、bについては厳密な調整が求められることになります。一方、c、dについては、監査人との協議により現行のままの処理で問題ないとされるケースもありえます。もし、現行の処理のままとしても、今後も関連する勘定科目の重要性は乏しく、現行のままでも財務諸表利用者の判断を誤らせないことの定期的な確認は求められます。

Point14

簡便的な処理の利用

　IFRSをスムースに導入するための実務としては、簡便的な会計処理をうまく利用するということの検討は不可欠です。特に今までの会計処理がたとえIFRSに明記されていなかったとしても、簡便的な処理として認められるならば導入時の手間は大きく削減することができます。

　しかしながら、そもそもIFRSには、基本的に日本基準のように簡便法を認めるという考え方はありません。ただ、例外的には簡便法的とみられる処理が散見されますが、これらはいずれも非常に稀な状況における「代替的処理」という位置づけです。この代替的な処理の扱いと、重要性がないためいわゆる簡便的な日本基準を使おうとする場合とでは、両者を明確に区別して理解しておく必要があります。大きく分けるなら、下記に示しますようにIFRSの中に規定されている（1）と（2）と、そうでない（3）とに分けられます。さらにIFRSに規定されているものでも原則的方法の利用が困難なために代替的に利用できる（1）と原則的な方法と結果が近似していることを条件に利用できる（2）とに便宜的に区別して考えると理解しやすいと思います。（1）と（2）はIFRSの中で明記されているため、利用の要件もはっきりしていますが、（3）は特に文言として明記されているわけではなく、単に重要性の判断から利用可能となっているだけなので、十分な

検討が必要かと思います。

（なお、簡便的な処理の扱い、そして重要性の考え方については、第3編第3章Point1においてもう少し突っ込んだ議論をしたいと思います。）

簡便的な処理の分類

	IFRSに規定があるか否か	利用の根拠	具体的な例
(1) IFRSでの代替処理的な方法	IFRSに規定がある	原則的な方法の利用が困難	非上場株式の公正価値の代わりとしての取得原価の利用など、下記(1)に例示
(2) IFRSでの代替的（簡便的）な方法	IFRSに規定がある	原則的な方法の利用と結果が近似	標準原価や売価還元法の採用など、下記(2)の例示
(3) IFRSには規定ないが、重要性がないために認められる方法	IFRSには規定がない	重要性がない	300万円以下のリース資産の賃貸借取引など日本基準での簡便的な方法、下記(3)に例示

(1) の例（原則的な方法の利用が困難）

- 非上場株式の公正価値測定における限定的な状況（公正価値測定に必要な情報の入手困難、公正価値の見積幅が広過ぎる）においては、取得原価を適切な公正価値の見積りとみなして使用できる（IFRS第9号「金融商品」）。

- 非上場株式の公正価値測定に代えて、簿価純資産方式を認める（2012年12月IFRS財団公表の公正価値測定の教育マテリアル）。

- 公正価値モデルにおける建設中の投資不動産の公正価値が信頼性を持って測定できない場合には、測定できるようになった時または建設が完了した時（いずれか早い方）まで取得原価で

測定できる（IAS 第 40 号「投資不動産」）。
- 会社が従業員等に一定の要件で資本性金融商品等を受け取る権利を付与した場合、その当該資本性金融商品の公正価値が測定できない場合に、代替的手法として報酬の本源的価値で測定できる（IFRS 第 2 号「株式に基づく報酬」）。
- 親子会社間の決算日が異なる場合（ただし、3 ヵ月を超えてはならない）は、実務上不可能な場合を除き、子会社は追加的な財務情報を作成しなければならない。実務上不可能な場合は、決算日の差異期間中の重要な取引または事象の影響を調整しなければならない（IFRS 第 10 号「連結財務諸表」）。

(2) の例（原則的な方法の利用と結果が近似）

- 標準原価の採用や売価還元法の採用（IAS 第 2 号「棚卸資産」）
- 確定給付債務の簡便計算（IAS 第 19 号「従業員給付」

(3) の例（重要性がない）

- リース契約 1 件当たりのリース料総額が 300 万円以下のリース資産に対する賃貸借取引
- 300 人未満の従業員に対する退職給付債務の計算
- 少額資産の費用処理を原則的な処理にする場合の簡便的な調整など

があげられます。

特に (3) の重要性がない場合の簡便的な方法の利用は、

IFRS導入に際しては、従来の会計処理を引き継ぐことが可能であるため、作業の効率性という観点からはとても有効です。IFRS導入の当初から重要性のあり方も含めてしっかりと議論していくべきかと思います。

Point15
IFRS適用により財務指標等に与える影響を踏まえた検討事項

1. 金融機関、大株主などの外部の利害関係者との調整

IFRS調整の結果、特に当面の利益水準が大きく低下してしまう場合は、金融機関からの理解が得られるかどうかもポイントになります。IFRS調整前の日本基準に基づく財務諸表で融資の判断などを継続することもありえますが、IFRSに移行した場合は、IFRSにより公表した数値のもとでの判断になると考えられます。

ただ、単体決算は日本基準であり、連結決算がIFRSということになり、ここでも2つの基準を使っていることの弊害が出てきます。仮に日本基準なら財務制限条項には抵触しないものの、IFRSによると抵触する（または逆のケース）、というような状況も考えられるからです。

いずれにせよ、IFRS適用により金融機関との関係では、

　イ．従来の日本基準との差異のそれぞれの理由のきちんとした説明

ロ．財務制限条項などに抵触する可能性、またその見直しなどが必要になります。

　基本的にIFRSになったからといって、会社の実質的収益力や財務体質には変更はないはずですので、会社活動の実態には影響を及ぼさないこと、また単なる期ズレの問題となる調整項目も多いため、その辺りをきちんと説明して理解を得ることが大切です。むしろ、IFRS導入のメリットにも書きましたが、IFRSを導入するということは先進的な会社、管理体制が優れている会社、グローバルな面にきちんと対応しようとしている会社というように理解してもらえたら、むしろ評価は高まるものと思われます。

　このことは、金融機関に限りません。投資家から見ると、IFRS適用により財務分析の指標が従来と変わってしまうこともあります。特にそれらの指標により投資基準を定めているような大口投資家がいるような場合には、事前にきちんと説明をして理解を得ておく必要があると思います。ただし、一部の投資家へのセレクティブディスクローズ（一般投資家との情報格差）とならないように留意する必要があります。

2. IFRS導入による取引の実際面への影響

　前項で述べた利益に与える影響とは、単なる会計処理の違いによるいわゆる見かけ上の利益の影響にすぎず、その会社が持っている本来の収益力にはなんら影響しないはずです。ただし、会計処理の影響が商売の取引のあり方に影響を及ぼすことも皆無ではありません。例えば、アフターサービス等の無料修理もセットとして販売していたものが、IFRSにより本体の売買とアフターサー

ビスは別の売上だ、とされた場合に、それなら無料のアフターサービスは見直して別途の保守契約の形態をとろうかとかの検討があっても不思議ではありません。それにより、価格構成も変わることもあり、結果としてIFRSの導入が本来の会社の取引に与える影響もあると思います。

また、IFRS導入のメリット、デメリットの項でも述べましたが、IFRS導入により信用力、知名度がアップする、海外の会社に認知されるといったことにより、それが新しいビジネスにつながるような場合もあります。今までにない海外取引が増えるというようなことになれば社内の海外取引の体制も見直さなくてはなりません。もちろん、これは結果として業績が伸びるというよい影響なのですが、いずれにせよ、会計基準の選択が実際の会社業績に影響を与えたことになります。

3. 利益が変わることは投資判断、経営判断に影響を与える

例えば、IFRSのもとではのれんは非償却です。その代わりに毎期一定の時期または減損の兆候があった時に減損テストを実施することが要求されています。これに対し、日本基準のもとでは、20年以内の効果が及ぶ期間にわたり償却するという方式のため、IFRSに比べて利益が平準化する傾向があります。IFRSのもとでは、被取得会社（あるいは事業）の超過収益力が失われた段階で、のれんを一時に減損という形で費用処理するため、期間損益のブレが大きくなるとともに、企業結合の成否が日本基準よりもシビアにわかってしまうという影響もあります。

となると買収した効果が短期的にはIFRSのほうがよい結果となって出てきます。投資判断にも影響があるといえます。

同じように、非上場株式などは、日本基準のもとでは取得原価で評価を行い、実質価額が著しく下落した場合に減損という形で投資の成果が表れますが、IFRSのもとでは原則、公正価値評価を行うため、投資先の業績の変動がシビアに財務諸表に表現されることになります。

その他、リストラクチャリング引当金という名目で、広範囲にわたる将来の損失・費用を見積もり、引当金計上しておき、その後、V字回復を演出するようなこともIFRSのもとではしにくくなります。もっとも、これは日本基準のもとでも、過度に保守的な会計処理により収益を過小あるいは費用を過大に計上することによって将来の業績を良く見せる、いわゆる秘密積立金のような性格とみなされるとこのような処理は本来大いに問題がありますが、日本の実務においては、引当金計上といった保守的な処理は容認されやすい傾向があります。

いずれにせよ、全体的にいえることは、日本基準よりもタイムリーに、またよりシビアに会社活動の成果が財務諸表上表現されることになるということです。これをマイナスとみるか、プラスとみるかで、IFRS導入を行うか否かの決定に大きく影響してくるでしょうし、大規模投資や大規模リストラを行うようなときには、利益に与える影響も大きく経営そのものの判断に深く影響を及ぼすことになります。ある意味、経営サイドにとっては常に気が抜けない緊張感の高まる状況ともいえますが、そのような中できちんと経営者として責任を果たしていくことが求められているのだと思われます。

Point16

導入スケジュールのシミュレーション時の注意点

1. スケジュールの立案時の注意点

　IFRSは基準の内容が変更されることがよくあります。IFRSの初度適用にあたっては採用すべき基準は原則として、最初のIFRS報告期間の末日（IFRS報告日）現在で有効なIFRSを使い、遡及適用することが求められています。ただし、遡及適用の強制的例外規定と遡及適用の任意の免除規定が存在するため、実際にはこれらに注意して作成することになります。

　この際、IFRS移行日（開始財政状態計算書日）を起点日として様々なスケジュールを組み立てるのが一般的かと思いますから、IFRS移行日をいつにするかが非常に重要となります。そこで導入スケジュールを立案する際には、IFRS移行日を先に決めて、これから逆算することになると思います。IFRS移行日が1年ずれてしまった場合、もう一度財務諸表を含めた開示書類を作り直さなければならなくなるため、余裕をもったスケジュール立案が必要です。

2. 作業はなるべく同時進行させる

　p.128～の第3編第1章Point1の3.「導入作業工程、必要

とする月数」において、各作業工程の目安について触れましたが、IFRS導入が決まりましたら、一つひとつの工程をきちんとこなしていくことが大切です。ただし実感としては、IFRS導入作業の多くは同時並行で進めることができますので、それを踏まえたスケジュールを検討すべきかと思います。例えば、過去分の財務諸表を作成しながら、開示のひな型を作成するなどは問題なくできます。さらに、差異調整をどのように行うかについて決定していなくても、例えば、IFRS調整仕訳の集計方法や、取り込み方法、IFRSの勘定科目の設定などは先に進めておくことができるでしょう。

ただし、IFRSの会計方針は初期の段階で決定しておく必要があります。会計方針が決まらないとその後の工程に支障をきたすため、差異分析を行った後、なるべく早い段階で会計方針を決定すべきです。本書で想定しているような規模がそれほど大きくない会社では、基準間差異もそれほど差異は多くなく、またシステム対応を行うにしても最小限で済むような状況を想定していますので、作業にかかる工数は比較的見積りやすいはずです。

(同時併行で進めることができる項目の例)
- 会計方針の決定 (これは先行して決定)
 (以下は同時進行も可)
- 過去分の財務諸表の作成
- 開示のひな型の作成
- 差異調整への対応の方法の検討
- 調整仕訳の集計の仕方、取り込み方法
- IFRS特有の勘定科目の設定 (有給休暇引当金など)

3. 監査人等外部者とのスケジュール調整も必須

　IFRS導入にあたっては要所要所において監査人に確認を行うことが必要ですが、導入スケジュールにはこれらの日程も入れておく必要があります。監査人側もIFRS導入時には慎重にならざるを得ず、ある程度の工数をかけて検証しますので、監査人側とのスケジュールの事前調整を行っておくことが必要です。

　その他、外部者、例えば、監査人でない公認会計士や税理士、弁護士、コンサルタントとの調整が必要な事項について、極力導入スケジュールに盛り込むことによって、精度の高い導入シミュレーションが可能となります。

4. 企業結合などが予定されている場合は、移行日を意図的に遅らせたほうがよいケースもある

　移行日を意図的に遅らせたほうがよい時もあります。これについては、p.168〜のPoint7の5.「企業結合を予定している場合」でも触れましたが、例えば、大型の企業結合が予定されているような場合、被取得会社についてもIFRSを適用するための諸作業が発生します。その他のグループ会社のIFRS調整のための作業がすべて終了しているなら問題にはならないかもしれませんが、仮に自社グループ分もまだとなると、当該企業結合により当初のスケジュールがずれ込んでしまう可能性があります。

　そのため、企業結合の規模や業種にもよりますが、被取得会社のIFRS導入に時間がかかると想定されるような場合は、

IFRS 移行日を遅らせて、時間的余裕を確保したほうがよいケースもあります。

　また IFRS 初度適用の免除規定として、IFRS 移行日前に生じた企業結合については、従前の日本基準の処理が認められています。もし、企業結合が予定されているようなケースの場合は、従前の日本基準のほうが自社にとって有利なのかどうか検討も必要でしょう。それによっては、あえて IFRS 移行日を遅らせて当該企業結合については IFRS を適用しないこともできます。かなり特殊な例かもしれませんが、いずれにせよ、このような免除規定があるということについて、きちんと理解しておくべきかと思います。

5. 基準の改訂の早期適用などにも注意

　IFRS の一部の基準につき、改訂が予定されている、あるいはすでに改訂されている場合で、新基準の適用が IFRS 導入時期よりもかなり先であるなら、改訂内容は全く考えないで導入を進めていくことも考えられます。ただし、改訂内容について、早期適用も可能である場合は早期適用したほうが自社にとって望ましい可能性もありますので、このような場合は改訂内容についても検討しておく必要があります。

　また改訂内容が自社にとって非常に影響が大きい可能性もありますので、仮に導入時期には影響がなくとも、それらの改訂が会社にとっての影響がどうかについては、きちんと把握しておくのが望ましいといえます。

Point17

IFRS導入にあたり、まずは社長をはじめ、各関係者としっかり協議すべき

　IFRS導入の実務的な作業は担当者がやるにしても、多くの重要な事項を経営者が決定する必要があります。また利害関係者との事前の協議も必要です。具体的には以下のとおりです。

1. 役員会での議論、メリット・デメリット、財務指標への影響、導入コスト等を中心に

　日本においてIFRS導入という話が出た当初は、将来は強制適用になるのではないかという見通しもありましたが、現時点では、あくまでIFRS導入は任意適用であるため、強制適用という制度以上に役員会でのしっかりとした議論が必要となり、また責任も重いといえます。

　すなわち、大きな問題ですから、役員会でIFRS導入のメリット、デメリットを協議し、メリットがデメリットを上回らない限り、任意適用すべきではないともいえます。企業価値の向上につながらないのに、コストと時間をかけて導入するのでは、会社を取り巻く利害関係者も納得しないでしょう。

　実際の導入の決定にあたっては重要性がない事項を除いて影響を受けると考えられる事項を定性的、定量的に検討した上

で、比較考量する必要がありますが、最初の導入の検討段階でこれらの事項を網羅的に、またそのすべてを正しく検討することはまず不可能です。

そのため、導入の検討をする段階では、

- IFRS導入によって大きな影響を受ける財務諸表数値や各種指標とその影響
- 実現するための大まかな見積り
- 実現するためにかかる時間

の3つを中心に、メリット・デメリットを検討し、メリットがデメリットを上回る蓋然性が高い場合のみ、次のステップに移行すべきでしょう。

2. キーマンは経営トップのCEO、社長です

導入にあたっての一番のキーマンはいうまでもなく経営トップの社長です。どのようなプロジェクトにもいえることですが、そのプロジェクトに関わる最も上位者の姿勢が成否に決定的に影響を与えます。IFRS導入プロジェクトについても、トップは財務担当役員ではなく、社長にすべきです。そして、社長が自ら導入すべきかどうかの検討、そして導入決定後、導入に向けての積極的な姿勢と継続的な関心がなによりの成功要因といえます。

導入の決定はしたもののその後、無関心となってしまい、やたら導入コストや短期的利益に与える影響ばかりを気にして、担当役員任せの消極的な姿勢だと、そのプロジェクトに関わるすべての人にマイナスの影響が波及してしまい、最終的に導入できたとし

ても、何のためのIFRSだったのかということになり、無駄なコストと時間を費やすことになるでしょう。

そもそも経理の現場がIFRS導入に積極的というケースは、あまり聞きません。というのは、どの会社も、ただでさえ余裕のない人員体制で日々の業務をこなしているケースが多い中、IFRS導入によって追加の負荷がかかるのはもちろん、導入後もそれまでよりも業務量は増えるケースが多いと考えられるためです。また、コストがかかる割には、IFRSの導入により、例えば営業の現場の売上増加や利益増加には直接的にはつながらないと解釈されてしまい、単に経理部だけが進めているプロジェクトというイメージでは他の部門の理解も得にくくなります。やはりトップが経営的な視点からの大きな意味でのメリットを認識し、しっかりリーダーシップをとっていく姿勢が必要です。

もちろん、導入実務をつかさどるプロジェクトリーダーを決める必要があります。通常は、財務担当取締役になることが多いと思います。また、全社的な連携体制として各セクションにリーダーを決めるのも有効です。影響が少ないと予想される会社でしたら、すべてのセクションにリーダーを置く必要はないかもしれませんが、なるべく関係しそうなセクションにリーダーを置いて、十分な協力と理解を得るのがよいでしょう。

IFRS導入は、単に調整仕訳を行えばすむという単純な話ではなく、実際のビジネスにも様々な影響が出てきます。そのため、早い段階から各セクションも巻き込んでプロジェクトを進めていくのが肝要です。

導入PTと各セクションの関係のイメージ

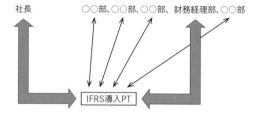

3. 社内の各部署(セクション)の調整や協力も不可欠

　IFRS導入によって各セクションの業績も影響を受けることがあります。実態は変わらないにもかかわらず、IFRS導入により業績評価の基準となる数値が変更され、これにより導入前と比べて業績の見た目が悪くなることもあります。例えば、売上が落ちる、経費が増加する、棚卸資産の評価が変更になるなど、それぞれのセクションの担当者の業績評価に影響するかもしれません。このような場合は、プロジェクトリーダーが積極的にリーダーシップを発揮して、セクション間の利害調整を図り、全社的な理解を得て、各セクションの協力を得られるようにする必要があります。

4. 監査役との協議

　監査役の業務監査の上でも、IFRS導入に伴うメリット・デメリットの検討は大きなポイントです。その他IFRS適用に伴う諸々の指標の変化、社内体制の変更、外部への影響等、それらに対する経営者の対応への監視は、監査役の重要な役割かと

思います。そのため監査役に対しても導入の影響、特に会社側の人員体制やチェック体制、その他内部統制上の留意事項を説明しておく必要があります。またIFRS導入が会社に与える影響や、取引先への影響等についても十分に理解してもらうことが重要です。

5. 金融機関との協議

　先にも触れました通り、従来の財務諸表と比べて大きな差異が発生する場合は、事前に銀行等金融機関との調整も必要となります。当面の間、トータルでマイナスのインパクトが予想される場合は、銀行側の融資姿勢にも影響するため、きちんとした説明が求められます。特に、借入金について財務制限条項がついている場合、これらの条項についてどのような形で影響するのか、修正をお願いする必要があるのかなども事前にクリアにしておく必要があると考えます。

　金融機関としても、金融機関の各担当者ベースでのIFRSに対する理解がこれからということもあり、IFRS適用の会社に対する扱いをどのようにしていくかには模索している面もありますが、IFRS適用推進は金融庁の施策でもあり、IFRS適用会社に対する印象、評価は高いものと思われます。

6. IR活動の重要性

　投資家から見て、IFRS適用により財務的な指標が変わってしまうとしたらかなり影響の大きなところです。しっかりとしたIR活

動により、誤解等が生まないようにしなくてはなりません。そうなると社長はもちろんIR担当部門がIFRS適用に伴う様々な影響についてきちんと理解し、わかりやすいIR資料を作る必要があります。特にアナリスト、大口投資家、機関投資家にはきちんとした説明が必要となるかもしれません。ただし、機関投資家等へのセレクティブディスクローズについては、IR部門において最も留意すべき事項の一つとして細心の注意を払う必要はありますので、投資家全般に対してしっかりとした開示をまずした上で個別に説明会等を開くといったIR活動がよいかと思います。いずれにしましても、証券市場がIFRS適用を評価するような環境が望まれます。

7. 取引先との協議

　取引先についても無関係ではありません。IFRS調整によって財務数値や指標に影響がでることにより場合によっては与信枠などに影響があることも予想されます。また例えば、出荷基準を検収基準に変更するため、取引先に検収に関する新たな証憑の提出もお願いせざるを得ない場合が出てきたとしましょう。この場合、すべての取引先に協力してもらえるとは限りません。大口の取引先が非協力的な場合、重要な取引について証拠が入手できないことで会計監査上問題になることも考えられます。また、最悪の場合は取引そのものにも悪影響が出る可能性もあります。

　固定資産の購入に関しても、購入先に対して、今まで以上に細かい見積りが必要になる可能性もあります。固定資産の減価償却を一体として行わず、機能別のパーツごとに行うケースも出てく

るからです。

　いずれにせよ、取引先から入手する証憑や資料が増える可能性があるため、自社の取引先の状況をよく理解した上で、あらかじめ導入にあたってどのような影響があるか、また十分な理解が得られるかの検討は重要です。

8. 監査人（監査法人）との協議

　先にも述べましたがIFRS導入にあたっては、監査人の役割は非常に大きいです。もちろん、監査人は、監査人としての独立性を守らなければなりませんが、「独立性に関する法改正対応解釈指針第4号」（日本公認会計士協会）の中でも「国際財務報告基準のような日本と異なる報告の枠組みへの変換に関する助言・指導業務」は、監査証明業務の一環として実施されるもの、あるいは監査証明業務と直接関連性を有する業務として、監査人が行うことができる業務として明記されています。

　このように監査人から上手に助言・指導を受けることにより、導入を効率的に進めることもできますが、一方で、監査人側がネックとなってしまうケースもあります。

　どういうことかと言いますと、同じ監査法人の中であっても、日本基準のもとで従来監査を行っているチームと、IFRS導入するということでそれらと別のIFRS対応チームが登場してくると少しやっかいです。もちろん、監査人どうしでの引き継ぎはきちんとなされますが、IFRS対応チームに改めて会社の業務や特性を説明していくことが必要になり、結局、その分手間がかかってしまいます。また、重要論点については、IFRS対応チームが、さ

らに監査法人の本部やグローバルなメンバーファームの見解を聞かなければならないことになっていることもあり、そうなると、監査人側がそれだけでも三層になってしまい、タイムリーな対応や現場でオーケーとしたものが後でダメ、といわれてしまうこともありえます。

そのため、導入にあたっては、監査人側の受入体制の確認や、どこまで関与してもらえるか、またどのぐらいのスピード感で回答をもらえるのかについてもあらかじめ確認しておく必要があります。

さらに、IFRS導入対応が既存の監査人では無理ということになりますと、もっとやっかいなことになります。最悪、監査人の交替ということにもなり、それだけでも経理部門の現場としては、大きな負担となってしまいます。

9. トップ経営者が議論にきちんと加わり、判断する

IFRS導入により、どのような方針を採用するのかについては、そもそも会計マターなので、経理部または財務担当役員の判断でよいと思われがちかもしれませんが、そうではありません。いずれも経営そのものに大きく影響するものであり、財務担当役員ももちろん議論には加わりますが、トップ経営者がきちんと理解し判断する必要があります。

例えば、一例をあげると
　ア）包括利益計算書の一計算書方式または二計算書方式について利益の表示を費目別にするのか機能別にするのか
　イ）財政状態計算書を流動性配列法にするのか固定性配列法

にするのか
ウ）固定資産について原価モデルを採用するのか公正価値モデルを採用するか

などは経営に関する事項ともいえ、最終的に、経営者がどちらの方が自社にとって望ましいかの判断が必要となります。またこれらの中には、決定次第ではその後の対応も全く異なる論点もあります。例えば、有形固定資産について、公正価値モデルを採用した場合、有形固定資産の公正価値の減少は当期の費用になりますが、増加の場合はその他の包括利益（資本の部）に計上されてリサイクリングされません（過去の減少や増加は、その後の増減によって埋め合わせます）。このように、その期のみならず事後の業績もいろいろな形でその期の業績が影響を受けることになります（原価モデルの場合は、当該変動は注記情報となります）。

そのため、差異分析が終了したら、早めに経営者の判断を仰ぐべきです。もちろん、その際には、それぞれの方法の特徴、また自社に対する影響を正しく伝えなければなりません。

以下、上記につき簡単に概要を説明したいと思います。

ア）純損益の表示を費用の性質に基づく分類するのか、機能に基づく分類にするのか

まず費用の性質に基づく分類ですが、IAS 第 1 号「財務諸表の表示」において、当該分類は「費用性質法」と呼ばれています。イメージとすれば次表の左側のような形式になります。

当該形式は売上原価や販売費、管理費のような区分がないた

純損益の表示方法の一例

費用性質法の例 (IAS第1号102項)		費用機能法の例 (IAS第1号103項)	
収益	×	収益	×
その他の収益	×	売上原価	(×)
		売上総利益	×
製品及び仕掛品棚卸資産増減高	×	その他の収益	×
原材料及び消耗品消費高	×	販売費	(×)
従業員給付費用	×	管理費	(×)
減価償却費及び償却費	×	その他の費用	(×)
その他の費用	×		
費用合計	(×)		
税引前利益	×	税引前利益	×

( )は、引いていることを示す。

め、一部の業種を除いてあまりなじみのない形式だと思います。

　一方、機能に基づく分類は、同じくIAS第1号において「費用機能法」あるいは「売上原価法」と呼ばれています。こちらのイメージは上表の右側のような形式です。

　こちらは現行の日本の基準の形式に近いため、日本の財務諸表利用者に理解しやすいというメリットがあると思います。またIAS第1号の103項において、

　「～この表示は、利用者に対し費用性質による分類よりも目的適合性の高い情報を与えるが、原価を機能別に配分する際に裁量的になる可能性があり、多くの判断を要する。～」

となっているように売上原価やそれ以外の区分に留意する必要があるものの、利用者にとってわかりやすい方法であるとしています。

なお、こちらの形式による場合、IAS 第 1 号 104 項において「減価償却費、償却費、従業員給付費用などの費用の内容に関して追加情報を開示しなければならない」と一定の追加開示が要求されています。

イ）財政状態計算書を流動性配列法にするか、固定性配列法にするか

IAS 第 1 号「財務諸表の表示」において、財政状態計算書は原則として流動性配列法で表示あるいは固定性配列法で表示することが求められています。ただし、そのどちらを採用するかについては会社の判断によることになります。

日本の場合、多くの業種で流動性配列法によって表示がされていますが、仮に自社にとって重要な資産が固定資産であれば、固定資産を先に表示する固定性配列法により表示することができることになります。

ウ）投資不動産について原価モデルを採用するか公正価値モデルを採用するか

IFRS においては、固定資産について原価モデルか公正価値モデルのどちらかの選択が認められています。

そのうち、自社使用の有形固定資産や無形資産に公正価値モデルを採用するのは一般的ではないため、IAS 第 40 号「投資不動産」に従って投資不動産（不動産からのインカムゲイン、キャピタルゲイン、またはその両方を目的として保有する不動産）についてどちらを選択するかを検討することになります。

仮に公正価値モデルを採用した場合、公正価値の変動から生

じる損益は、期間損益として処理されることになるため、原価モデルを採用した場合と期間損益が異なる可能性があります。

　そのため選択にあたっては、自社にとってどちらのモデルが財務諸表利用者にとって有用であるかどうかの観点から慎重に判断する必要があります。また、自社にとってそのような公正価値を算出することが可能であるか、仮に外部の専門家に依頼する場合はどのぐらいのコストがかかるかなども判断材料となります。

第2章
導入に際し、具体的な会計処理における主な検討ポイント

はじめに

第3編第2章では本書で想定しているようなタイプの会社にとってIFRS導入のネックになる可能性のある会計処理項目に絞って、より具体的に解説してみたいと思います。

Point 1

有形固定資産関係

1. 有形固定資産の耐用年数、残存価額、定率法の利用等

　IFRS導入に関して、多くの会社にとって関心が大きいものの一つに有形固定資産関係の論点が挙げられます。

　固定資産については、初度適用時の免除規定としてみなし原価の採用が認められるものの、減価償却方法や耐用年数の変更は、税務調整との関係もあり、IFRS導入を思いとどまらせる一つの要因になっているともいえます。本書の想定会社として、「固定資産について不動産が大きな割合を占める」会社であるとしましたが、このような会社の場合、建物は定額法、その他の有形固定資産については定率法を採用しているケースが多いと思います。また耐用年数、残存価額についても税法基準に従ったケー

スがほとんどであると思います。

(耐用年数について)

　実は日本基準においても、耐用年数、残存価額ともに税法の規定を無条件で採用することはできません。これに関しては、監査保証実務委員会報告第81号「減価償却に関する当面の監査上の取扱い」で、「耐用年数は、当該資産について経済的に使用可能と予測される年数であり、各会社が自己の固定資産につきその特殊的条件を考慮して自主的に決定すべきものである」とあります。また、「会社の状況に照らし、耐用年数又は残存価額に不合理と認められる事情のない限り、当面、監査上妥当なものとして扱う」とも規定されています。

　そのため従来、税務上の耐用年数、残存価額を使用している場合、これらは不合理でないと認められるため採用できていたわけで、IFRS導入後も実は同じことだと考えます。IFRSのもとでの耐用年数は経済的耐用年数ではなく、会社が使用すると判断している年数であるため、その点では日本とは差はあるものの、会社は耐用年数経過時まで使用するという方針とするならば、両者は同じになります。経済的耐用年数まで使うと考えるのはごく自然な発想です。しかも、税務上の耐用年数は国税庁がそれなりの根拠をもって経済的な耐用年数として公表しているもので、本書が対象としているような中堅・中小規模の会社において個々の会社がみずから経済的耐用年数を見積もることは、実務的に困難なばかりでなく、その信頼性も低いものがあり、むしろ国税庁が見積もった年数の方がより合理的と判断することもできます。

(残存価額について)

 またIAS第16号において、「資産の償却可能額は、残存価額を控除した後算定される。実務上、残存価額は重要でない場合が多く、それゆえ、償却可能額の算定上、あまり重要ではない。」とあり、残存価額ゼロとするのも多くのケースで認められると考えます。

 さらに、日本の不動産売買の実務上、耐用年数経過後の建物価額はゼロとされるケースが多いことなどから、従来の処理をそのまま継続できるケースが多いと考えます。

(定率法の採用について)

 ではその他の有形固定資産について定率法を採用するケースはどうでしょう。

 日本でIFRSの任意適用が始まった当初は、「IFRSによると定率法が全く使えなくなる」という考え方が広まっていました。しかし、これについては2010年にIFRS財団が公表した教育文書「減価償却とIFRS」において、「例えば、耐用年数の後半に、より多くの修繕やより頻繁なメンテナンスが必要となる資産は多い。同様に、経営者は、ある資産を使って製造される製品の価格が当該固定資産の耐用年数にわたって低下していくと予想するかもしれない。これらはいずれも、定率法が消費パターンのより良い近似となる場合があることを示している。」とあり、そのような考え方は誤解であったことが明らかになりました。

 従来、日本においても定率法採用の根拠として上記と同様の考え方があり、そのため税務上の定率法を採用したものと思われます。

(その他)

また、建物と同様に、その他の有形固定資産についても、税法の耐用年数を基準に使用期間を決めているケースが多いこと、実際の売買においても、税法の規定に従って減価償却を行った金額を基準に売買されるケースが多いことなどからそのままの処理で問題ないと判断されるケースは多いと思います。

(税法基準に従う場合の留意点)

ただし、注意が必要なのは250％定率法、200％定率法が混在しているケースです。

それぞれの減価償却カーブについては一定の合理性があると認められるものの、これらが混在することの合理的根拠を見出すのはなかなか難しいと思われます。しかし、当該定率法が適用される資産の耐用年数が短い場合や、そもそもの取得価額が大きな金額でなければ、重要性の観点から認められる余地はあると考えています。

2. IFRS移行時に耐用年数は到来しているものの、使用し続けている固定資産

実際、耐用年数は到来したものの、いまだ使用し続けている固定資産はどこの会社にもあるものと思います。ここでは、耐用年数が到来したにもかかわらず使用している固定資産のことに論点を絞り、IFRSの考え方について検討してみたいと思います。

これについては主に2つの論点があります。

① IFRS の初度適用時の当該資産についての評価をどうするか

② 従来の耐用年数をそのまま使用してよいかどうか

すなわち、重要性がある場合は、新たな原価と耐用年数を設定する必要があります。

重要性があると思われるのは主に不動産（建物）だと思いますが、日本の場合、先にも述べたように通常は耐用年数が到来しているような建物については、マーケットの価値はほとんどないのが実状です。そのため、IFRS 第 1 号の免除規定により、みなし原価として公正価値評価を行った場合、公正価値もゼロに近い金額となるため結果として「IFRS 適用において重要性がない」として特別な処理は不要となるケースが多いものと推測されます。

しかし、仮に重要性があった場合には、次のような手順になります。

- 鑑定評価書などにより IFRS の初度適用時の公正価値を見積もる
- また、今後使用続ける予定年数を合理的に見積もって新たな耐用年数とする
- これらの情報により資産計上し、また減価償却も行う

前述した通り、通常は、公正価値を見積って新たな原価を付けるということはないかと思いますが、問題は従来使ってきた耐用年数の方です。耐用年数は到来しているものの、使用し続けている固定資産があるということは、事実として従来の耐用年数が妥当でなかったことを示す一つの根拠となってしまう可能性があります。

日本では、固定資産について税務上の耐用年数を使用しているケースが多いかと思いますので、それを前提に検討しますが、これは税務上の耐用年数を使うことを原則としているのではなく、実際の利用可能予測年数をもとに設定するのが原則ではありますが、個々の会社による予測の信憑性、正確性さらには恣意性の排除、税務と不一致になると税務申告上の別表調整の煩雑さなどの理由から、税務上の耐用年数を参考に耐用年数を決めてきたという会計慣行から来るものです。

　そもそもIFRSのもとでも耐用年数は「資産が会社によって利用可能であると予想される期間」をいいます。先にも少し触れましたが、これは必ずしも物理的に使えるという経済的耐用年数とは必ずしも一致しません。会社が使うと予想している年数です。よって、会社の基本方針として、「利用可能と予想される期間として、基本的に税務上の耐用年数まで使用する」のであれば、耐用年数としては税務上の耐用年数が妥当ということになります。

　また残存価額についても、中古市場が整備されていない資産については、耐用年数到来後はゼロに近い金額で取引されているものと考えられるため、これらの説明がきちんとできれば、従来の耐用年数について問題になることはないと考えます。

　また、日本経済団体連合会が公表している「IFRS任意適用に関する実務対応参考事例」において、耐用年数到来後も使用し続けているようなケースでは、その前に大規模修繕や資本的支出を実施しているケースが多く、これにより、耐用年数を超えた長期使用に至っているのであり、当初の会計上の見積りは問題ないという考えも示されています。このような考え方も参考になるでしょう。

3. 経費処理している10万円未満の固定資産の扱い

　取得価額が10万円未満の固定資産は経費処理することにより、税務上も損金扱いとなるため、実務上、10万円未満の固定資産の扱いについては税務上の扱いに一致させ、一括経費処理している例が多いと思います。

　IFRSのもとでも当該処理が認められるかどうかが問題になります。これについては、考え方としては10万円未満だからといって経費処理でよいという扱いはありません。よって、IFRSの規定としてはそういう扱いはしないということになります。しかし、その費用の額が全体として影響が小さく、また耐用年数もおおむね1年以内等の要件を満たせば、費用処理のままで問題ないといえます。

　ただ、実務上一点問題になりそうなのが、少額の資産を多数保有しているケースです。IAS第16号「有形固定資産」において当該論点は「鋳型や工具及び金型のように，個々には重要ではない項目を集計し，その総額について当該規準を適用することが適切な場合がある。」と規定されています。つまり、会計方針として一定の金額を決めて、それ以下なら無条件に費用処理することは認められないと考えられます。

　日本の実務上も、少額資産を多数保有しているケースでは10万円未満基準にかかわらず、資産計上している例は見受けられますが、多くの場合は、税務上の優遇を考慮して一括費用処理しているものと思われます。重要性があるような会社や業種によっては重要な論点となりますので留意が必要です。

なお、ここでは10万円未満の少額資産について記載しましたが、10万円以上20万円未満の固定資産についても、税務上一定の要件のもとで3年償却が認められていますが、それについても上記と同じ考え方で、あくまでも重要性がない場合にのみ認められることになり、重要性があるような場合は原則に戻り検討する必要があります。

4. リース取引の300万円基準

　似たような論点に、日本における所有権移転外ファイナンス・リースに認められている300万円基準のオフバランス処理が、IFRS上でも認められるかという点があります。前項3.で述べた少額固定資産の費用処理、すなわち一時に費用処理か資産計上かの違いですから、少なくとも損益に影響が出ます。

　これに対しリース資産のオンバランス、またはオフバランス処理は、オンバランスなら利息及び償却費の合計が逓減して、オフバランスなら定額の賃借料として経費が出てくることになり、損益インパクトはどちらにするかによって大きく変わりません。よって、300万円以下のリース取引の合計に重要性がなければそのまま認められる可能性は高いと思われますが、300万円以下のリース取引が多数あり、その総額に重要性がある場合は、損益インパクトだけでなく、総資産額への影響も出てきますから、オフバランス処理が認められないケースも出てきます。このように、IFRSの場合、原則的な処理によらないケースでは常に個々には重要性がないものの合計すれば大きな影響があるかどうかを考慮することが原則となります。日本基準のように個々の取引の金額基準に

より簡便的な方法が使えることが明示されているというルールはありません。その点が大きく異なるところです。

5. 固定資産の減損について、専門家の評価は不可欠か

　固定資産の減損においては、IFRSと日本基準の違いとしましては、

- IFRSには、日本基準のように減損の兆候の識別における数値基準がない
- IFRSには、日本基準にはない減損の兆候の例示がある
- IFRSは、日本基準のように割引前将来キャッシュ・フローと帳簿価額との比較により減損の測定を行うかどうか判定するのではなく、回収可能価額と比較して判定する

など、細かい差異は多数存在します。
　ここでは実務的な面からポイントを絞って検討したいと思います。
　まず、減損において、回収可能価額として、売却費用控除後の公正価値の算定には専門家の評価が必要かどうかについての検討です。
　例えば、投資不動産の公正価値や、退職給付債務の計算などの際は、それぞれ外部の専門家の利用が推奨されていますが、必須とはなっていません。これに対し、固定資産の減損について規定しているIAS第36号においては、このような外部の専門家の関与については触れられていません。
　この点、日本基準においても不動産については、「不動産鑑

定評価基準」に基づいて自社で算定するが、自社における合理的な見積りが困難な場合には、不動産鑑定士から鑑定評価額を入手して、それを合理的に算定された価額とすることができるという扱いになっており、必ずしも外部の専門家の関与は必須にはなっていません。特に不動産の件数が多いような会社においては、すべてに不動産鑑定士の評価を取ることはコスト的にもかなり負担になりますから、そのことも考慮して対応していくことも必要かと思います。

　ただし、不動産会社のように不動産鑑定のノウハウを持っていればよいですが、そうでないような会社の場合は、自社で鑑定評価を行うのはなかなか困難であるため、重要性の高いと思われる固定資産については、やはり不動産鑑定士から鑑定評価額を入手して算定するのが望ましいと思います。この辺りは、IFRSにおいても従来と同様の扱いで問題ないと思います。

　さらに、日本基準において、重要性が乏しい不動産については、一定の評価額や適切に市場価格を反映していると考えられる指標を、合理的に算定された価額とみなすことができるとなっていますが、これもIFRSになったからといってあえて変更する必要はないと考えます。

Point 2

棚卸資産関係

1. 棚卸資産に対する影響額を原価差異のように按分できるか

　多くの会社にとって、棚卸資産は最も影響の大きい項目の一つといえます。IAS第2号「棚卸資産」に関しては、日本基準と大きな差異はないものの、その他の多くの調整項目が棚卸資産に関係してくるためです。また棚卸資産については、品目数も多い場合には、いざ調整を行おうとした際に、厳密にやろうとすると膨大な作業が発生することになります。

　例えば、減価償却費や退職給付費用について、いったん日本基準による単体決算で算出後にIFRSベースで計算をして、IFRS調整を行うような場合、製造原価が変動することになりますから、期末棚卸資産の金額も変更になると思います。

　この場合にまず、原則的な方法に行うとしたら、IFRSに従って計算した金額を個別の品目ごとに情報として保持させます。そして、その後の払い出し計算や評価損の計算の際などに当該金額を使って計算することになります。当該方法は品目数が少ない場合やシステムによって完全に情報管理できるような場合には、このような処理も可能ですが、品目数が多く、またシステムがそれに対応していないような場合には手間がかかりすぎるかもしれ

ません。

　そのため実務的な対応としては、個別の品目ごとに計算を行うのではなく、調整の影響額を原価差異のように売上原価と期末棚卸資産にまとめて一括して按分する方法が一つ考えられます。この方法が認められれば調整はそれほど大変ではありませんが、認められるためには、厳密な計算を行った場合と、大差がないことをきちんと説明できるようにしておくことが必要です。特に販売費用控除後の公正価値で評価を行う棚卸資産について、当該簡便的な調整方法を採用しても結果に影響ないことを確認する必要があります。

　また、上記のような簡便的な計算は、厳密な計算を行うのが非常に困難である場合の対応であるとともに、その他のケースとしては、例えば、棚卸品目も少なく、経営上の意思決定にも影響がないというケースに限定されると思われます。そもそも経営上の意思決定をIFRSをベースとして行うと考えた場合には、できるだけ個別品目ごとの正しい原価の算定が必要であることはいうまでもありません。

【調整例イメージ】（一括して按分する方法もあり）

製造原価に影響する　×　期末製品金額 / (売上原価＋期末製品金額＋期末仕掛品金額)
IFRS調整額

2. 棚卸資産の帳簿価額を規則的に切り下げしている場合の扱い

　実務において忘れがちな論点として、営業循環過程から外れ

た滞留または処分見込み等の棚卸資産の扱いがあります。

　日本基準においては、営業循環過程から外れた滞留または処分見込み等の棚卸資産について、販売見込み額といった合理的に算定された価額によることが困難な場合には、規則的に帳簿価額を切り下げるなど、収益性の低下の事実を適切に反映した方法により評価することも認められていることもあって当該方法を採用している会社も多いと思います。

　IFRSにおいては、棚卸資産についてはIAS第2号「棚卸資産」に従って処理を行うことになりますが、あくまでも販売見込額を合理的に見積もることが基本であり、日本基準のような営業循環過程から外れた滞留または処分見込み等の棚卸資産についての特別な規定はありません。

　そのため、日本で行われているような規則的に帳簿価額を切り下げていく方法（企業会計基準第9号「棚卸資産の評価に関する会計基準」9項）がそのままIFRSのもとでも認められるかが問題になりますが、これは条件付きで認められると考えられます。

　日本基準においても規則的に簿価を切り下げる場合、あくまで「収益性の低下の事実を適切に反映した方法」である必要があります。そのため、日本基準で棚卸資産の会計基準である企業会計基準第9号が導入されたときに簿価の切り下げ方法が議論されたと思われますが、その際には過去の販売実績等と照らし合わせた切り下げ方法が収益性の低下の事実を適切に反映した方法であるということを確認し、合理的に決定していたはずです。

　例えば、3年保有すると当初より平均70％までディスカウントする、5年保有すると当初より平均50％までディスカウントして販売していた実績があったとした場合、今後も同様の傾向が続くと

予想されるため、3年保有のものは70％まで、また5年保有しているものは50％に評価減するといったことが収益性の低下の事実を適切に反映したと考えられると思います。

IFRSのもとでも、販売実績等に照らして不合理でなければそのまま認められる余地は十分あります。

ただし、留意点として下記の2点があります。

① 原則的な方法である「純粋に販売見込み額を合理的に見積もること」が困難であること

これは日本基準でも同様ですが、原則的な評価方法の適用が可能であるにもかかわらず、それに代わる方法によって評価することは認められません。

あくまで規則的な切り下げ方法が正味実現可能価額の最善の見積りといえるケースのみ認められると考えられます。

② 収益性の低下の事実を適切に反映した方法になっているか、常に見直すことが必要であること

これも他の論点と同様ですが、日本の実務上はいったん決めた処理方法が、その後に見直しがなされていないケースが多々あります。もちろん、監査人としてもいったん決めた棚卸資産の評価の妥当性については、その後も毎期、会社の検討結果をチェックしているはずですが、ややもすると機械的になってしまっているケースもあるかもしれません。

例えば、前出の例で5年経過した棚卸資産について、明らかに販売することが不可能ということになったような場合は、その時点で簿価をゼロにする必要があります。

このように、もし、実態と乖離しているということになれば、日本基準のもとでも速やかに見直していく必要があります。

もちろん、IFRSのもとにおいては、当該方法が実態と乖離していないか、常に見直しが必要になるのはいうまでもありません。

Point 3

収益の計上

1. 収益の計上基準、出荷基準は認められるのか

　IFRSでは、日本基準と売上の計上基準の違い、具体的には日本では一般的に採用されている出荷基準が認められるのか否かが常に大きな話題となっています。

　現行の基準では、IAS第18号「収益」において、物品の販売では次の5つの要件を満たしたときに収益を認識すべきものとしています。

1. 物品の所有に伴う重要なリスク及び経済価値が買い手に移転していること
2. 販売した物品に対し、継続的な管理や有効な支配を保持していないこと
3. 収益の額に対して信頼性を持って測定できること
4. 取引に関連する経済的便益が会社に流入する可能性が高いこと
5. 取引に関連する原価に対して信頼性を持って測定できること

　上記については、日本における収益認識の実務と大差はないといわれていますが、細かいところでは差異が生じると考えられます。この中で、特に論点となるのが、1.の「物品の所有に伴う重

要なリスク及び経済価値が買い手に移転していること」について
です。当該要件は、必ずしも法的な所有権移転の時期とは一致
しませんが、売買契約において、法的所有権の移転時期が検収
後である場合や、検収までの物品に係るリスクを売り手が負って
いるようなケースでは、出荷基準は認められない可能性が高いと
いえます。

　一方、物品の販売に据え付けや検収を伴うケースでも、据え付
け作業が単純であるケースや、検収が機能の検査ではなく、契
約価格の最終決定のみを目的として行われるような場合は買い手
の検収前でも収益認識は可能となっています。

　このようにIFRS導入にあたっては、収益認識基準がそのまま
でよいかどうかの見直しの検討は必ず必要となります。

　検討の結果、例えば、従来の出荷基準で問題ないとなった場
合でも、法的な所有権移転の時期が出荷時ではなく、検収後に
なっている場合は、従来の出荷基準で問題ないとするには相当
の理由が必要となります。

　このような場合、対応策として
① 売買契約書の所有権移転の時期を出荷時に変更する
② 出荷時点において、販売価格はすでに決定しており、買い
　手が受け取るまでの価格変動リスクは買い手が負ってお
　り、かつ出荷後に売上が取り消されたことが、過去にない
③ そもそも出荷から買い手が受け取るまでのタイムラグがほと
　んどなく、出荷基準でも検収基準（あるいはその他の基
　準）でも重要な影響はない
などの具体的な根拠を示すことが必要です。

なお、新しい収益認識基準であるIFRS第15号「顧客との契約から生じる収益」においては、次のような5ステップアプローチによって収益を認識することになります。

(a) ステップ1：顧客との契約を識別する
(b) ステップ2：契約における履行義務を識別する
(c) ステップ3：取引価格を算定する
(d) ステップ4：取引価格を契約における履行義務に配分する
(e) ステップ5：企業が履行義務の充足時に（または充足するにつれて）収益を認識する

なおステップ5についてですが、35項によれば次の要件のいずれかに該当する場合には、企業は財またはサービスに対する支配を一時点ではなく、一定の期間にわたり移転すると考え、一定の期間にわたり履行義務を充足し収益を認識することになります。

(a) 顧客が、企業の履行によって提供される便益を、企業が履行するにつれて同時に受け取って消費する。
(b) 企業の履行が、資産（例えば、仕掛品）を創出するかまたは増価させ、顧客が当該資産の創出または増価につれてそれを支配する。
(c) 企業の履行が、企業が他に転用できる資産を創出せず、かつ、企業が現在までに完了した履行に対する支払いを受ける強制可能な権利を有している。

上記要件を満たさない場合は、一時点で充足される履行義務となります。

そして、企業が履行義務を充足する時点を決定する際の考慮事項として、38項に次の5つの事項があげられています。
(a) 企業が資産に対する支払いを受ける現在の権利を有している。
(b) 顧客が資産に対する法的所有権を有している。
(c) 企業が資産の物理的占有を移転した。
(d) 顧客が資産の所有に伴う重大なリスクと経済価値を有している。
(e) 顧客が資産を検収した。

IFRS第15号においては、IAS第18号のようにリスクと経済価値の移転を収益認識の基準とするのではなく、上記によって収益を認識することになります。そのため業種によっては収益認識タイミングに大きな影響が生じる可能性がありますので注意が必要です。

2. 純額表示か総額表示かについては、ビジネスモデル全体で判断する

日本でも、ASBJの実務対応報告第17号「ソフトウェア取引の収益の会計処理に関する実務上の取扱い」や日本公認会計士協会会計制度委員会研究報告第13号「我が国の収益認識に関する研究報告（中間報告）」等が公表されたこともあり、純額表示か総額表示かの議論は実務上もある程度は浸透してきています。しかし、実際には業界慣習に従った処理となっているのが実状です。

IFRSにおいては、現行のIAS第18号によれば、ある取引

について本人のために行っているのか、あるいは代理人として行っているかによって総額表示か純額表示かが決定されます。簡単にいえば、本人のために行っている場合は総額表示、代理人として行っている場合は純額表示となります。本人としての取引とされるのは、

- 取引に関する重要なリスクと
- 経済価値の変動にさらされている場合

をいいます。

　IFRS適用に際してのポイントとして次のことがいえます。
① 一つひとつの取引で総額、純額を判定するのではなく、そのビジネス全体としてどうかということで考える

　純額表示か総額表示かの検討は、経常的な業務で、売上に占める割合が大きい取引に対して必要であるといえます。しかも、一件一件の取引後に判定するのではなく、そのビジネス全体として総額で示すべきか純額で示すべきかを考えることになります。

　また、非経常的な取引で、かつ一件当たりの金額が多額になるような場合は個別に検討する必要があるかもしれませんが、経常的な取引については、行っているビジネス自体で検討を行うのが現実的です。

　なお、非経常的な取引で、かつ一件当たりの金額が小さいものについてはそもそもその取引の総額表示か純額表示かについては通常は問題としません。それは②でも記載しますが、総額か純額かの違いは、結果として損益インパクトはないため、重要性

が通常よりも低いと考えられるためです。

② 最終損益には影響しないが、売上高には影響する

総額表示か純額表示かについては基本的に財務諸表の表示の問題であり、当該論点は最終損益に影響しません。各種経営指標となる比率（例えば、売上高利益率など）には影響がありますが、最終損益に影響を与える事項に比べれば重要性は低いといえます。

ただし、当該論点により売上高が従来よりも大幅に減少してしまうケースや、段階損益にも大きな影響がでるような場合は重要性が増しますので注意が必要です。また、実務上は経営者の意思決定は、総額で行っているにもかかわらず、純額に変更する場合の扱いや、当該変更により、財務制限条項に抵触してしまう可能性がある場合は重要な検討事項となります。

大きな影響がある場合の対応として、決算説明資料に日本基準に従った場合の売上等を記載する、また仮に金融機関との間で締結している財務制限条項に影響するような場合は、実態には影響がないことを説明し、財務制限条項の見直しの検討のお願いも必要になるかと思います。

なおIFRS第15号においては、本人として取引しているかどうかについての判断は、「支配」を基準として行うことになりますが、この判断の結果、現行のIAS第18号と同じ結果になるケースが多いと考えられます。

③ リベートの扱いは、売上のマイナスか販管費か

収益認識に関して多くの会社に関係する論点としてリベートの扱いがあります。日本ではそれぞれの業界内では扱いが統一されていることが多いですが、売上からマイナスするパターンと販売

費及び一般管理費として計上するパターンに分けられると思います。

ただし、日本では売上規模を重視する傾向が強いこともあり、どちらかというと後者の扱いにしているケースが多いのが実状です。

一方、IAS第18号「収益」においては、収益の額は「会社が受領した又は受領可能な対価の公正価値（会社が許容した値引及び割戻しの額を考慮後）により測定」となっていることから、売上からマイナスするのが原則的な処理といえます。

しかし、これはあくまで財・サービスの提供の対価として考えられる場合の話であり、例えば、本来会社が負担すべきような経費を取引先が負担したため、その分をリベートとして補填したような場合などは販売費及び一般管理費として処理することで問題ないといえます。また販売促進費的な意味合いのリベートもあり、この場合も販売費及び一般管理費処理になります。

ポイントは、リベートが財・サービスの提供の対価といえるかどうかです。仮に現在、販売費及び一般管理費として処理されているなら、その判断基準に照らして処理を変える必要があるかどうかを考えることになります。

（新しいIFRS第15号では……変動対価という用語が登場）

なお、新しい収益認識基準となるIFRS第15号のもとでも基本的な考え方は変わりませんが、リベートの金額の見積り方法が異なります。

仮にリベートが財・サービスの提供の対価であるため、売上のマイナス処理を行う場合、これは変動対価という扱いになりま

す。IFRS第15号のもとでは、この変動対価の見積りについて、重大な収益の戻入れが生じない可能性が非常に高い範囲で認識することになるため、従来このような方法によって測定していなかった場合は変更する必要があります。

なお、IFRS第15号は発効日が1年延期される見込みです。

Point 4

その他の資産、負債の論点

1. 金融商品（非上場株式の評価）

金融商品については、p.148～の第2編第2章Point4「IFRS導入による影響の大きい会社とは、影響の少ない会社とは」2.「多額の金融資産を保有しているケース」の項でも触れましたが、こちらについては、IAS第39号「金融商品：認識及び測定」あるいはIFRS第9号「金融商品」どちらの基準も日本基準との差異が多数あるため、留意が必要です。ただし、本書で想定しているような会社については、主に以下の非上場株式の評価が論点になると考えられます。

日本基準においては、非上場株式については、「時価を把握することが極めて困難」として時価評価は行っていません。一方、IAS第39号あるいはIFRS第9号のどちらも公正価値評価いわゆる時価評価を行わない余地は残されているものの、基本的には公正価値評価（注）が求められることになります。

(注) 公正価値評価という場合には、市場取引のないものについても何らかの評価技法によって公正価値評価を求めるものです。従来、日本で時価といっていた概念と基本的には同じ概念ですが、IFRS第13号「公正価値測定」において出口価格であることが明確にされるなど公正価値について詳細に規定されています。そのため日本における時価概念と完全に一致はしませんが、本書では便宜的に公正価値と時価は同義として扱います。

この点、実際の実務においては次のような対応が考えられます（下記はあくまで実務上の便宜を考えた本書独自の判定フローです）。

① 売買事例があった場合、その金額を参考にする。

② 売買事例がない場合で、取得時に比べて業績の変化や経済環境の大きな変化があるようなケースでは、時価純資産価額法や類似会社比較法、DCF法などにより評価を行う。この際、マーケットのインプット（市場で観測できる指標）を参照する方法を優先させる。

　なお、そもそもの前提として金額的重要性がない場合は最初から公正価値評価を行わずに取得原価評価を行うことも考えられる。

③【IAS第39号の場合】

　これらいずれにも当たらない場合は、取得原価評価とする（IAS第39号では原則として公正価値評価。信頼性をもって測定できない場合は取得原価により評価）。

④【IFRS第9号の場合】

　IFRS第9号でも原則として公正価値評価。限定的な場合として、公正価値を測定するのに利用できる最近の情報が十分でない場合、または、可能な公正価値測定の範囲

が広く、当該範囲の中で取得原価が公正価値の最善の見積りを表す場合など限定的な状況では、取得原価評価を行う（IFRS第9号B5.2.3）。

【フロー】
売買事例があるか
　→Yes＝　その金額
　→No　→　取得時より変化があるか
　　　　　　　　↓
　　　　Yes→　時価純資産、類似会社比較、DCFなど
　　　　　　　（ただし、信頼性をもって測定できない
　　　　　　　　場合は取得原価評価）
　　　　No　→　どれにも当たらない
　　　　　　　　↓
　　　　【IAS第39号の場合】取得原価評価
　　　　【IFRS第9号の場合】限定的な状況のみ
　　　　　　　　　　　　　　取得原価評価

いずれにせよ、非上場株式の評価の際は、適切な指標に基づいて、適切なモデルに従って評価を行えば問題ないはずですが、これらが妥当であることの客観的な証明は難しいケースもあります。上記のように一定の場合は取得原価評価が認められるケースもあります。

なお、当該扱いは、株式（資本性金融商品）の場合のみであり、債券等、負債性金融商品については取得価額が公正価値の最善の見積りとなるケースはほとんどないため注意が必要です。

2. ソフトウェア（研究開発費）

p.152 ～の第 2 編第 1 章 Point4　IFRS 導入による影響の大きい会社とは、影響の少ない会社とは 5.「多額の研究開発費を計上しているケースについて」の項でも触れましたが、見落としがちな論点としてソフトウェアの扱いがあります。

日本においてはソフトウェアの会計基準がありますが、IFRS においてはソフトウェアについては基本的に他の無形資産と区別することなく、IAS 第 38 号「無形資産」に従って処理されることになります。

販売目的ではなく、自社利用のソフトウェアについては、外部利用の場合と社内利用の場合に分けられます。日本基準のもとでは外部利用の場合は外部へ業務処理等のサービスを提供する契約等が締結されている場合のように、その提供により将来の収益獲得が確実であると認められる場合、また社内利用のソフトウェアについては、完成品を購入した場合のように、その利用により将来の収益獲得または費用削減が確実であると認められる場合に資産計上が認められることになっており、そこではそのソフトウェアが完成するかどうかの技術上の実行可能性は必ずしも考慮しないことになっています。

つまり、社内で計画がなされ、それに従って収益があがりそうな場合（あるいは費用の削減がなされそうな場合）は資産計上が可能となっています。

一方、市場販売目的のソフトウェアについては、研究開発費に該当する部分を除き資産として計上することになっており、こちら

のほうはきちんと完成することの技術上の実行可能性が考慮されています。

市場販売の場合は、社内よりも厳しい品質が求められていると考えられることからこのような扱いにも一定の合理性があると考えられますが、実務ではむしろ社内利用ソフトウェアのほうに問題が生じるケースが多いと思います。

そもそも高いソフトウェア開発能力がないにもかかわらず、社内利用ということで開発を始めてみたものの、当初の予定通りにいかず開発費が巨額になってしまうケースは多々あると思います。さらにすでにうまくいかないことが明白なのに後には引けなくなって何年も開発を続けて結局開発を断念したという話もあります。

自社利用だからといって、本当に完成するかどうかといった技術的な実行可能性を考慮しない日本の基準は、実務上、問題があるのかもしれません。

その点、IAS 第 38 号では、自社利用目的であろうと市場販売目的であろうと、研究費は費用処理を行い、開発費は 6 つの要件を満たした場合のみ資産計上することになっており、等しく技術的な実行可能性を考慮することになっています。

このように、IFRS のもとでは自社利用の場合でも、自社のソフトウェア開発能力について評価する必要がありますので注意が必要です。

3. 繰延税金資産の回収可能性の判断について、日本におけるタイプ 3 以降については異なる場合も

繰延税金資産の回収可能性の判断について IFRS のもとで

は、IAS第12号「法人所得税」があり、この基準に従って繰延税金資産の回収可能性を判断することになります。基本的な考え方は、収益力、タックスプランニング、加算一時差異の3つのことを考慮して判断するため日本とほぼ同じであるものの、最大の違いは、日本においては基本的に監査委員会報告第66号「繰延税金資産の回収可能性の判断に関する監査上の取扱い」(以下66号) に従って判断している点です。

この66号においては、繰延税金資産の回収可能性の判断に当たり、会社区分を5つにわけて、それぞれの区分ごとに回収可能性の判断の指針を示しています。また、この会社区分は主に過去数年間の会社の利益及び課税所得の発生状況をもとに判断する形式となっています。これに対し、IAS第12号においては、このような詳細なガイダンスは規定されていないため、66号がIFRS適用後も使用できるかが論点になります。

これについては、IFRS適用後も一つの判断材料にはなるものの、そのままの適用はできないと考えたほうがよいと思います。

66号のタイプ1、2の会社 (基本的に回収可能性に問題が認められない会社) の場合は日本基準における計上額と、IFRSのもとでの計上額は大きな差異は生じないものと考えられますが、それ以外の会社の場合は大きな差異が生じる可能性があります。特に、重要な繰越欠損金が存在している会社で、来期以降の事業計画では黒字となっているようなケースでは、66号では繰延税金資産がまったく計上できないか、あるいは1年分の繰延税金資産を計上することになるケースが多いと予想されます。

一方で、IFRSのもとでも、重要な繰越欠損金がある場合は慎重な判断が求められているものの、まったく計上できない、ま

たは1年分しか計上できないということはないと考えます。特に、来期の事業計画が黒字であることを前提に他の会計上の判断を行っているような場合は、日本基準のような判断を行ったとしたら整合性がとれないため、問題だと思います。そのためこのような場合、IFRSのもとでは繰延税金資産の計上が求められることになります。

なお、この66号の見直しが現在、日本においてもASBJで行われています。

4. 退職給付引当金については、日本基準をそのまま使うことは可能か

退職給付引当金で、まず、大きな論点となるのが、日本基準で認められている簡便法、すなわち期末要支給額等をもって退職給付債務とする方法がIFRSのもとでも認められるかどうかです。認められないという考え方もありますが、実は十分認められる余地はあります。そもそも日本基準で簡便法の適用が可能なのは、対象人数が300人未満の場合ですが、このぐらいの人数だと退職給付債務自体の金額が大きくないことが予想されるため、重要性が小さいケースがあるためです。

また、重要性の観点だけでなく、IAS第19号「従業員給付」の51項において「場合によっては、見積り、平均及び簡便計算により、本基準で例示した詳細な計算の信頼し得る近似値を求めることもできるであろう」となっており、日本の簡便法を意識した文言ではありませんが、原則法と大きな差異がなければ簡便法の採用も認められる余地はある旨が示されています。

ただし、簡便法と原則法の計算の差は大きくないことの説明は必要です。そのため、実際の対応としては、IFRSに基づいた計算を外部の計算機関に委託し、当該差異の計算を行っておくことになると思います。その後は、環境や状況の変化を見ながら、常に原則法との差異が大きくないことの確認が必要になってきます。

　また、そもそも対象人数が多くなく、年齢や勤続期間などに偏りがある場合は、高い水準の信頼性をもって数理計算を行うことができません。そのため、厳密な方法、原則的な方法を採用することが合理的でないケースもあります。そのような場合、日本基準でいう簡便法のほうが退職給付債務の見積りにとって、より合理的な方法となるケースもありえます。このようなケースでは、原則法との比較計算などはそもそも不要と考えられます。

　次に日本基準で原則法を採用しているケースですが、このケースでは多くは外部のアクチュアリーに計算を委託していると思います。IFRSとの差異について、例えば、退職後給付債務の期間配分方法について、日本基準においては期間定額基準と給付算定式基準が認められていますが、IFRSにおいては給付算定式基準のみ採用が認められています。これらによる差異が大きくなければ日本基準を使い続けることはできますが、いちいち日本基準とIFRSとの差異が大きくないことを検討した上で日本基準を使い続けるよりは、IFRSに従った計算を行うのがよいと思います。

Point 5

その他の論点：連結の範囲、企業結合、関連会社、後発事象

1. 連結決算の範囲の決定には日本基準を採用できるか

　連結決算の範囲の決定の際は、日本基準でも実質的な判断は必要となるものの、細かい数値基準が明記されているため、実務上は判定フローに従って連結の要否を検討しているものと思われます。一方で、IFRSにおいては、IFRS第10号「連結財務諸表」に従って連結の要否を検討することになります。簡単にまとめると、IFRS第10号においては、パワー、リターン、そしてパワーとリターンの関連の3つの観点から検討することになります。

　日本基準と違い、具体的な数値基準は基本的にないものの（一部には目安となる数値はあります）、潜在的議決権の考慮や、他の投資者の議決権行使状況等も検討しなければならず、より深い検討が求められています。切り口は違うものの実質的な判断を求めていることには変わりなく、日本基準による判定とIFRSに基づく判定では、多くのケースでは結果は相違しないでしょう。

　しかし、だからといって日本基準の判定フローをそのまま使うことはできないと考えます。やはり、判定フローはIFRSに従う必要があります。一方、日本基準で明記されている数値基準

は、IFRSに基づいて判定する際にもある程度は参考になると考えます。そのため、今後はIFRSに基づいて判定するものの、日本基準の数値等も参考にして判定することも考えられます。またIFRSでは仮にパワーを持っていても、代理人として行動している場合は、支配していることにはならないという考えが示されています。これは、従来からの日本基準では、必ずしも明確でありませんでしたが、この点がクリアになっていることは、実務上はよいことだといえます。

（詳しくは、p.145～の第3編第1章Point4 1.「子会社の数が多い（特に海外子会社）ケース」を参照してください。）

2. 企業結合会計：日本基準にある共通支配下の取引の扱い

　企業結合会計の関係で大きな差異としては、共通支配下の取引がIFRS第3号「企業結合」では対象となっておらず、そのため、IFRSのもとで共通支配下の取引の明確な基準が存在しないということがあげられます。

　これに関する会計処理は、逆に日本基準において詳細に規定されており、多いに参考になります。具体的には、共通支配下の取引を行った結果、行う前と経済実態が変わらないなら、結果も変更がないように会計処理を行うというのが基本的考え方です。当該考え方はIFRSのもとでも十分に認められると思われるため、共通支配下の取引については、日本の基準を参考にするのがよいでしょう。

　ただし、日本基準には、いまだIFRSのような正式に決められた概念フレームワークはありません。IAS第8号「会計方針、

会計上の見積りの変更及び誤謬」において、他の国の会計基準を参考にする条件として、IFRSと類似の概念フレームワークを採用していることが求められており、そのため日本基準は無条件には認められないので注意が必要です。したがって、日本の共通支配下の取引の処理については、IFRSの規定に反しないことの説明が求められますが、実際は、共通支配下の取引について日本の基準に従った処理を行っておけば、問題が生じるおそれは少ないと思います。

　その他、企業結合会計関係で実務上問題が生じそうなのは日本基準においては時価に関する基準がいまだ存在していないということです。企業結合において取得法（注）に基づいて会計処理を行う場合、受入資産と負債をそれぞれ時価評価する必要がありますが、実務上は当該時価評価についてはかなり幅のある運用がされているように感じます。

　例えば、受入会社にとって、使用見込みがない資産についてはゼロとして評価を行っているなど、会社固有の事情を反映した評価になっているケースも見受けられます。すなわち、仮に受入会社が使用しない場合でも、一般的に公正価値がある場合は、いったんは公正価値で評価を行って、その後の決算で減損するのがIFRSでの処理かと思われますが、日本基準においては、このような場合、ダイレクトにゼロ評価を行ってしまっていると思われます。これにより、結果としてのれんの金額が日本基準の場合のほうが大きくなるため、IFRSと異なる結果になる可能性があります。

　要するに日本基準に明確な基準がないためですが、この点、IFRSにおいては公正価値（日本基準でいう時価）に関する基準

（IFRS 第 13 号「公正価値測定」）が存在しており、いままであいまいだった事項についてもかなり詳細に規定されているため、この辺りは注意が必要になるでしょう。

(注) 取得法……日本基準でいうパーチェス法に相当する概念です。IFRS でも前はパーチェス法としていましたが、改正で取得法に名称変更になっています。

3. 子会社及び関連会社の扱い：決算期の統一化、会計方針の統一化も課題

p.143〜の第 3 編第 1 章 Point3　IFRS 導入した場合のメリットの検討　8.「グループ会社の会計方針の統一化、決算期の統一化」の項でも触れましたが、子会社及び関連会社の扱いについて、実務上ポイントとなりそうな論点としてまずは決算期の統一の問題があります。決算期変更を行うことになんら制約がないなら、実際に決算期の変更を行うのが一番簡単です。ここで取り上げるのは様々な制約から実際の決算期の変更が行えない場合の話です。

特に関連会社と親会社の決算期に差異がある場合、日本基準のように直近の決算を取り込めばよいという扱いにはなっておらず、決算日の差異は 3 ヵ月以内でなければなりません（子会社については IFRS 第 10 号「連結財務諸表」、関連会社については IAS 第 28 号「関連会社及び共同支配企業に対する投資」参照）。

また 3 ヵ月以内の場合でも、原則は本決算と同レベルの仮決算を行わなければなりません。仮に実務上仮決算を行うことが不

可能な場合でも、当該3ヵ月以内における重要な取引及び事象の影響については、子会社又は関連会社の財務諸表の調整が求められています。

また3ヵ月以内における重要な取引および事象の調整ですが、日本基準と異なり、投資会社との取引だけでなく、子会社又は関連会社と外部との取引についても対象となるため、事実上は、親会社の決算日に合わせた仮決算を行うということになります。

連結決算への取り込み方の相違

	日本基準	IFRS
子会社	3ヵ月以内ならオーケー（差異期間の重要な取引について要調整） または、親会社の決算期に仮決算を行う	3ヵ月以内ならオーケーだが、事実上は親会社の決算期に仮決算を行う必要あり
関連会社	直近の決算を取り込めばよい（差異期間の重要な取引については要調整 または、親会社の決算期に仮決算を行う	

さらに会計方針の統一の問題もあります。IFRSでは、子会社であろうと関連会社であろうと類似の状況における同様の取引及び事象に関しては統一した会計方針を採用する必要がありますが、関連会社については、通常は子会社に比べ、親会社の支配力が弱いため、IFRS調整に必要な資料がタイムリーに入手できないことがありえます。日本基準の場合は、仮に統一のために必要な情報を入手することが極めて困難と認められるときには、「統一しないことに合理的な理由がある場合」に当たるとなっており、救済規定が存在しますが、IFRSでは、このような扱いは特に定められていません。

そのため、関連会社については、なるべく早い段階から会計

基準の差異分析等を行い、また決算体制についても合意をとりつけておく必要があります。しかし、関連会社の場合、子会社と違って、必ずしもにコントロール下にあるとは限りません。非常に難航する可能性もあります。

IFRSの適用のことを考えて、関連会社としての投資を行う場合は、投資契約において、IFRSにも対応できるような協力体制を盛り込んだ内容にしておくような対応策も必要になるかもしれません。

なお、日本基準（実務対応報告第18号「連結財務諸表作成における在外子会社の会計処理に関する当面の取扱い」）では、在外子会社及び在外関連会社については、一定の調整を行えば、IFRS及び米国基準に基づいて作成した決算を取り込むことができますが、IFRSでは差異に重要性がない限り、米国基準又は他の基準でよいということは認められませんので注意が必要です。

4. 後発事象の扱い：日本特有の親会社の会社法による計算書類に係る監査報告書日後、金融商品取引法の監査報告書日までに発生した修正後発事象

後発事象については、IFRSではIAS第10号「後発事象」に規定されています。多くは日本基準における扱いと類似しています。そのため、通常は大きな問題は生じないものと考えますが、一点、会社法の監査報告書日以降に発生した後発事象の扱いに注意が必要です。

日本においては、日本公認会計士協会監査・保証実務委員

会報告第76号「後発事象に関する監査上の取扱い」に従うことになりますが、ここでは、親会社の会社法の計算書類に係る監査報告書日後、連結財務諸表の監査報告書日までに発生した修正後発事象（連結子会社等に係るものを含みます）は開示後発事象として監査上は扱うことになっています。これは会社法の計算書類と金融商品取引法（以下「金商法」）に基づく財務諸表との整合性を重視したことによります。

　一方、IFRSのもとでは、後発事象のカットオフデートはあくまで財務諸表の発行の承認日であるため、親会社の会社法の計算書類に係る監査報告書日後、IFRSベースの連結財務諸表の発行の承認日までに修正後発事象が発生した場合は、金商法上は当該連結財務諸表の修正が必要になると考えられます。日本におけるこの会社法の計算書類と金商法に基づく財務諸表の二元化構造による後発事象の扱いについては、コーポーレート・ガバナンスコードでも話題になったところです。実務上、十分起こり得る話ですので留意が必要です。

まとめ

以上、実際に導入した実績から、気になった項目を絞って説明しましたが、その他の論点も数多く存在します。大切なのはここで記載したように会社が採用しようとしている処理につき正しく説明できるようにしておくということです。その結果、従来の会計処理を変更する必要はなかったというケースも多いと思います。

第3章
実感、上手に導入するための本音のポイント

はじめに

第3編の第3章では、上手に導入するための本音のポイントと称して、若干意見も交えてもう少し突っ込んだ議論をします。

Point 1

IFRS導入のキーポイントは重要性、日本基準との差異について多くは重要性の判断が必要となる、IFRSには簡便法の規定がないため重要性の扱いが「重要」

1. 重要性の考え方の違いと、日本基準の簡便的な処理の扱い

　第3編第1章Point14「簡便的な処理の利用」の項において、いったん触れさせていただきましたが、IFRS導入に際しては、重要性のない範囲等での簡便的な処理の利用はとても重要なポイントになってきます。

　まず重要性に対するIFRSと日本基準での考え方の違いについて述べます。

　日本基準においては、簡便的な会計処理が利用できる要件を

基準の一部として定められていることが多く、その要件が満たされているのであれば、重要性の基準値に関係なくその簡便的な処理を利用することは可能となります。例えば、300万円以下のリース取引に対する賃貸借処理については、それが何件あろうと関係なく簡便的な会計処理とされる賃貸借処理が認められます。

それに対して、IFRSの個々の基準には重要性が乏しい場合の規定がないため、一見すると重要性が乏しい事象についても厳密な会計処理・開示が求められているようにみえます。

しかし、IFRSにおける概念フレームワーク及びIAS第1号「財務諸表の表示」の7項、IAS第8号「会計方針、会計上の見積りの変更及び誤謬」の5項、IN7項、IN12項などに重要性の概念があるため、投資家の判断を誤らせない限り、結果として簡便的な処理が認められるものと考えられています。そもそも日本基準での簡便的な処理は、一定の数値基準を満たしてしまえば適用できるルールとなっていることが多く、よって、個々の取引に重要性がなくても、全体でみれば重要性があるかどうかの視点が欠けていることが多く、IFRSの考えとは一致していません。例えば、先ほどあげた300万円以下のリース取引に関する扱いなどがそうですが、すべてのリース取引が300万円以下でその合計額が大きく重要性があったとしても、日本基準では簡便的な処理である賃貸借取引処理がその全部に適用できてしまいます。

ここがIFRSと日本基準において重要性の基準値との関係で大きく異なるところです。

もっとも日本基準においても、そもそも簡便的な処理が認められる背景としては重要性に乏しいからという理由によるものが多い

ため、考え方の基本としては一緒だと考えることもできますが、いちいち重要性の判断をせずに要件が当てはまれば、自動的に簡便的な処理を採用することができることに大きな相違があるといえます。

よって従来、日本基準で採用してきた簡便的な処理をそのまま自動的にIFRS適用会社には当てはめるということはできません。もちろん、重要性の概念も含めて適正な財務諸表を作るという考えは同じですが、日本基準では、一般に公正な会計慣行に従った処理であるならば妥当と判断される可能性が高く、そのため実務上の簡便的な処理も公正な会計慣行として広範囲に適用されているのに対し、IFRSではそのような考えはとっておらず、あくまでIFRSの基準の範囲内での検討が必要としているためです。

いずれにしましても、IFRSにおいて、日本の簡便的な処理がどこまで認められるかの判断については日本におけるIFRS実務がまだ成熟していないため難しいところですが、ある程度の重要性により許容できる幅があり、その範囲内で簡便的な処理が認められるものと考えます。

なお、注意が必要なのは必ずしも金額基準のみで重要性が判断されるのではなく、定性的な質的な側面も勘案しなくてはならない点です。例えば、一般的にデリバティブ関連取引は仮に金額が僅少でも、質的に重要性が高いとみなされる可能性が高い項目です。そのため、従来、日本基準で認められている為替予約の振当処理や金利スワップの特例処理などは認められなくなる可能性が高い項目といえると思います。

参考として、IFRSの規定の中で重要性に関する規定がどこに

あるか下記に示しておきます。

IFRSにおいて重要性について規定されている箇所

IFRSの中で該当する箇所	規定されている内容
IFRSにおける概念フレームワーク	一般的な重要性の概念
IAS第1号「財務諸表の表示」の7項	「重要性がある」の定義
IAS第8号「会計方針、会計上の見積りの変更及び誤謬」の5項	重要性がない場合は、当該方針を適用する必要はない旨の記載
IAS第8号IN7項	重要性がない場合適用不要
IAS第8号IN12項	重大な誤謬についての記載あり

2. 簡便的な処理の分類と具体的な例

さて、下掲の表は、p.195〜の第3編第1章Point14に掲げた表をさらに細分化したものです。

下記の分類はIFRSを考えるに際して参考とするために、本書が独自に整理したものです。

分類(本書独自)	IFRSでの規定	利用の根拠	具体的な例
(1) IFRSでの代替処理的な方法	IFRSにその会計処理の規定がある	原則的な方法の利用が困難	非上場株式の公正価値の代わりとしての取得原価の利用など、下記1)に例示
(2) IFRSでの代替的(簡便的)な方法		原則的な方法の利用と結果が近似	標準原価や売価還元法の採用など、下記2)の例示
(3) IFRSには規定ないが、日本基準では原則的な方法とされているもの	IFRSには個別の会計処理の規定がない	重要性の判断により認められる	引当金を割引計算しないなど、下記3)を参照
(4) IFRSには規定なく、かつ日本基準でも簡便的な方法とされているもの		重要性の判断により認められる	300万円以下のリース資産の賃貸借取引など、下記4)に例示
(5) IFRSには規定ないが、実務的困難性及び作業の効率化から認められる可能性があるもの		重要性がなく、かつその処理に一定の合理性がある	有給休暇引当金のセクションごと計算など下記の5)の例
(6) いずれにも規定はないが、重要性がない		重要性の判断により認められる	明確な処理に関する規定がないが、例えば、業界の慣習として行ってきたような処理など
(7) 軽微な誤謬、未修正事項		重要性の判断により認められる	例えば、会計基準上は誤りでも税務上有利な処理にした場合など

以下に上記の表に対応する形で、簡便的な処理の具体例等について説明します(なお、p.194～の第3編第1章Point14における解説と一部重複しますが、整理の意味で再掲します)。

1) IFRSにおける代替的な会計処理(原則的な処理の利用が困難な場合)

非常に稀ですが、代替的処理を認めるという例がいくつか見られます。しかし、これらは本来の原則的な方法を便宜的、簡便的に行うという趣旨ではなく、そもそも原則的

な方法の利用が困難であるため例外的に認められているものであり、原則的方法との差異を比較検討して可否を判断するという必要性はありません。

- 非上場株式の公正価値測定における限定的な状況（公正価値測定に必要な情報の入手困難、公正価値の見積り幅が広過ぎる）においては、取得原価を適切な公正価値の見積りとみなして使用できる（IFRS9号「金融商品」）。
- 非上場株式の公正価値測定に代えて、簿価純資産方式を認める（2012年12月IFRS財団公表の公正価値測定の教育マテリアル）。
- 公正価値モデルにおける建設中の投資不動産の公正価値が信頼性を持って測定出来ない場合には、測定できるようになった時又は建設が完了した時（いずれか早い方）まで取得原価で測定できる（IAS第40号「投資不動産」）。
- 付与した資本性金融商品の公正価値が測定できない場合に、代替的手法として報酬の本源的価値で測定できる（IFRS2号「株式に基づく報酬」）。
- 親子会社間の決算日が異なる場合（ただし、3ヵ月を超えてはならない）は、実務上不可能な場合を除き、子会社は追加的な財務情報を作成しなければならない。実務上不可能な場合は、決算日の差異期間中の重要な取引または事象の影響を調整しなければならない（IFRS10号「連結財務諸表」）。

2) IFRSにその扱いが規定されているもので、会計処理自体を簡便的に行う方法（原則的な方法と結果が近似による）

　　IFRSにおいても、会計処理自体を簡便的に行う方法が

いくつか規定されています。これもごく稀な例ですが、原則的な方法と結果が近似であることを条件に認められているものもあります。

- 標準原価の採用や売価還元法の採用（IAS 第 2 号「棚卸資産」）
- 確定給付債務の簡便計算（IAS 第 19 号「従業員給付」）

3) 日本基準では原則的な方法であっても IFRS と一致しないものについても重要性の判断により認められます。ただし、通常は、重要性が大きいため、それをそのまま認められるケースは少ないとは思いますが、例えば、引当金計算において割引計算をしないというような処理については、重要性によりそのままということもありえるかもしれません。なお、以下においてもすべて同じですが、重要性の判断といったときには、金額的に、あるいは定性的にも重要性がないということがその利用の根拠となります。また、それら重要性がないということを常に確認しておく必要があります。

4) 日本基準において簡便的な方法として認められているものです。そもそも日本基準においても重要性が低いという観点から簡便的な方法が定められていますから、IFRS においても認められる可能性は高いといえます。
　　例えば、以下のような例があげられます。

- リース契約 1 件当たりのリース料総額が 300 万円以下のリース資

産に対する賃貸借取引

- 300人未満の従業員に対する退職給付債務の計算

- 少額資産の費用処理

- 重要性の乏しい子会社を連結決算対象としない場合、例えば、設立間もない子会社で、まだ重要な営業活動をしておらず、偶発債務等もない小規模の会社であれば、連結しなくても、財務諸表利用者の判断を誤らせることにはならず、容認されるものと考えます。なお、日本の実務上、重要性のない子会社を連結しない場合の基準として3〜5％基準が使用されることが多いと思います。IFRS導入にあたって3〜5％基準はそのまま認められることはありません。IFRSにおいては、一定の例外を除いてすべての子会社を連結することが明記されており、連結除外に数字を用いた基準はありません。IFRSでは、あくまでも「支配」という実質判断のみであり、何％未満なら問題ないかについては具体的には示すことができません。

- 金額が小さい子会社について、簡便的な処理を容認する。また決算期が異なる場合も重要な取引のみ調整を行う。

5) IFRSには規定がないが、実務的な困難性や作業の効率性の観点から認められる可能性があるもの

- 有給休暇引当金につき、個人ごとに計算せず、セクション単位で計算するなど、そもそもIFRSにしかない特有の会計処理に対応するためのものですが、厳密な処理の適用は実務上困難なため、なんらかの簡便的な調整を行うもの

- 棚卸資産の差異について、個別品目ごとに調整せず、製品、仕掛品といった単位で按分するなど日本基準で認められている処

理と、IFRS の処理との差異について、なんらかの簡便的な調整を行うもの
- 日本基準での退職給付債務の簡便法について、人数が極めて少ないため数理計算を行うことがあまり合理的でないと判断されるような場合など（これは 4) でも例としてあげていますが、この 5) でも当てはまります）

　上記のうち、「実務上の困難性」については比較的認められやすいと思います。特に IFRS が要求している正しい処理を行うことが困難な場合は、本来の方法との差異に重要性がない限り、簡便的な処理が許容可能な方法とみなされる可能性は高いでしょう。

　これに対し、「作業の効率性」については、取引件数が非常に多いなどにより処理に手間がかかりすぎるという理由での簡便的な処理の採用ですので、差異はどの程度か、またその差異に重要性があるかで認められるかどうかを判断されることになるでしょう。

2. 重要性で除いたあらゆる事項は合算して判定するのか。例えば、連結除外の子会社の影響と少額のリース資産の簡便的な扱いと全く性質の違うものを合算するのか

　重要性によって基準の厳密な適用を行わなかった個々の処理について、仮に全く性質の違う取引や処理であったとして、それらすべてを合算して検討すべきかどうかという点については、難しいところです。

議論があるところですが、例えば、重要でない子会社を連結から除外しているのみの会社と、それに加えて広範囲にわたって（例えば、リースの300万円基準など）それぞれの項目では重要性がないとして本来の処理を行っていない場合では、その性質は全く違うわけですが、それらを合算して会社全体で見て、あらためて厳密な処理にすべきかどうかの検討を行うというのも一つの考えです。ただし、実際は重要性で除いた性質の異なる事項（この例ですと、重要性のない子会社と少額のリース資産）を合算して判定することができるのかどうか、なかなか難しいところだと思います。全体を俯瞰的にみて判断するしかなく、ケースバイケースだと思われます。

　つまり、極端な例をいえば、本来の処理によっていないものが、損益に対する影響がすべて一定の傾向があり、例えば、それらすべてが利益を減少させる要因であるなど、本来の処理によった場合、損益が黒字から赤字になってしまう、あるいは純資産額がマイナスとなってしまうといったようなケースでは、これらの財務的影響から考えて、重要性がないとは言えなくなってしまうでしょう。

　実際にはそのような単純なモデルではなく、利益を増加させる傾向もあれば、その反対もありますし、それらが年度によって異なることもありますから、重要性で除いたすべての影響につき合算して判断する必要はないと考えます。ただし、それら全体を俯瞰的に勘案し、結果として財務諸表が適正に表示されているのかどうかといった総合的な判断は、重要性の問題があろうとなかろうと存在します。それが適正であるという意味だと思われます。

　ただし、上記のような全体的な検討をする前に、先に触れたよ

うに、同種の取引（例えば、300万円以下のリースについてはオフバランス処理を行うなど）については、IFRS上は取引一件ずつでの判定のみではなく、全体を合計して影響を判定することも必要になりますので（IAS第1号7項、IAS第8号5項参照）、この点はご留意ください。

3. 監査上の重要性との関係

　監査人が財務諸表を適正かどうか判断する際の重要性の基準は、適正な開示からの乖離度で判断するため、日本基準で作成されたものであろうが、IFRSに従って作成されたものであろうが当該基準は同じです。すなわち、IFRSは会計基準ですから、どのような会計基準であろうと監査の前提となる公正妥当な会計基準であれば、監査における重要性の考え方に相違はありません。

　ただし監査においては、リスクアプローチという手法を用いて、その会社の財務指標をベースに重要性の基準値を算定します。よって、厳密にいいますと、元となる財務指標の数値がIFRSの適用によって影響を受けると監査上の重要性の基準値も影響を受けることになります。もし、IFRSの適用により利益がより大きく出るということになれば、例えば、のれんを償却しないため利益が大きく算定されるということになれば、その分だけ監査上の重要性の基準値は大きくなるということになります。実際はもっと多角的に算定しますから、そんな単純なことではありませんが仕組みとしてはそのような仕組みになります。

　簡便的な会計処理に対する扱いについては、IFRSの場合の

監査と日本基準による場合の監査では、根拠となるものが異なる場合があります。すなわち、広範囲に簡便的な処理が規程上認められている日本基準であれば、基準に則り簡便的な処理をしているということが根拠となるのに対して、IFRSのように簡便的な処理に関する具体的な規定がほとんどない場合、簡便的な処理に対する妥当性は重要性の判断によることになります。この点、日本基準よりIFRSのほうが監査人にとっても簡便的な処理の利用の容認については、より深度ある検討による判断が求められるともいえます。

Point 2

IFRS導入をできるだけスムースに行うために、従来の会計処理の変更をできるだけ少なくしたいという要望

1. IFRSとの会計処理の差異について、重要性がない範囲であれば、従来からの会計処理を続けることができます。ただし、常に検証が必要

　IFRSでの会計処理と従来の日本基準による会計処理に差異があったとしても経理の現場としてはスムースなIFRSの導入のためにできれば変更せずに従来の会計処理を続けたいのが本音です。その場合の有効な方法として、重要性がないと認められる範囲内で、従来の会計処理の継続が、いわゆる簡便的な処理としてそれらも認められる余地があると述べました。ただし、注意

しなければならない事項があります。それは、常に重要性がないことの立証が求められる点です。

IFRS導入時点で重要性がなかった項目も、その後の状況の変化等により、重要性が増したことにより、本来の処理に変更する必要が発生するケースもあります。例えば、退職給付債務の計算に日本基準の簡便法を採用した場合に当初は重要性がなくとも、徐々に重要性が大きくなっていくことも考えられます。そのため、簡便的な処理によっても重要性がないことについて、常にチェックを行う必要があります。実際にどのように行うのかについては、ケースバイケースですので、監査人と事前に協議しておく必要があります。

なお、重要性が増したため本来の処理に直す場合にさかのぼって直す、すなわち遡及修正が必要なのかといいますと、それは、そもそも重要性がなかったために本来の処理を行っていなかったのであり、日本基準と同じくIFRSの下でも遡及修正は必要ありません。

2. 期末においてIFRS調整仕訳（IFRSへの組み換え仕訳）のみで対応できるのであれば、日々の処理は従来通りでよい

期末においてIFRS調整仕訳（組み換え仕訳）により、IFRSへの転換が対応できるとしたら、その場合でも期中の日々会計処理は従来のままでよいということになります。例えば、売上の処理において従来の出荷基準を検収基準にする場合でも、期中は出荷基準で行うものの、期末時または四半期時のIFRS調整仕

訳で検収基準に変えることができるとしたら、現場の経理処理はまったく変わらないことになります。規模が大きくなるとそう簡単にはいかないというのが現実かもしれませんが、日々の現場での取引の処理を変えるのではなく、IFRS調整仕訳のみで対応できるかどうかの検討は、重要なポイントになります。

　上記の1.も2.もIFRS導入に際して、できるだけ現行の会計処理を変えることなく、すなわち手間をかけないという視点からの議論です。

　次に述べるように経営判断資料として、根本的にIFRSにしていこうというのが本来のあり方だとは思いますので、それらの視点も合わせながらどのようにしていくべきかを検討しなければなりません。

　最初は手間をかけずにIFRSのスムースな導入を目論み、慣れてきたところで徐々に経営管理資料もIFRSにするといった段階的な対応も現実的には考えられると思います。

Point 3

経営管理資料の作成は、日本基準かIFRSか

1. 各種の経営管理資料はIFRSの数値を使うのか、日本基準でいくのか

　次に現行の日本の制度では、IFRSの任意適用といっても、単体決算（個別財務諸表）は日本基準、連結決算はIFRSに

従うということになります。p.179 〜の第3編第1章 Point9「経営管理はIFRSベースか、日本基準ベースか」の項ででも触れましたが、この場合、各種の経営管理資料はどちらの基準で作成すべきかについて大きな問題になります。特に個別財務諸表は日本基準で作成し、その後にIFRS調整仕訳により連結決算を作成するような方法は、連結決算をIFRSに準拠させるという点においては手間をかけない方法として有効であると記述しましたが、公表する決算に伴う各種の経営管理資料を決算に合わせて、あらためてIFRSベースで揃えようとすると、その作業は思いのほか大変な作業になることも考えられます。

　IFRSはあくまで公表の連結決算のためのもの、いっそ経営管理資料は従来の日本基準のままとする、と割り切れば、これもなるべく手間をかけずにIFRSを導入するという意味での一つの方針だと思います。

　しかし、いつまでもそうするということでは、何のためにIFRSを採用したのか、IFRS導入のメリットが生かせません。しかも、各種の経営管理資料を日本基準ベースで作成していると、外部公表の連結決算数値と会社内部にある経営管理資料での数値に不整合が生じてしまうことになります。そのため、経営者がIFRSベースの外部公表数値の詳細説明に苦労することも予想されます。

　さらに、そもそも連結決算ベースで公表する将来の経営予測数値はIFRSベースでの予測になっている必要がありますが、そもそも経営者が社内的に使っている将来予測の管理資料が日本基準をベースにしているのにもかかわらず、それに単純なIFRS調整を加えただけで、それを適正な経営予測数値といえるのか

は少々疑問のあるところです。

　従来からIFRS導入については外部公表用資料ばかりが議論されており、このように外部公表数値のもととなる内部管理資料については注目されていませんでしたが、内部の管理資料までもすべてIFRSベースとするのか、そこまでいきなり変えるのは大変だから、当面はIFRS調整で対応とするのかは、IFRS導入前にしっかり議論しておく必要があります。

2. 経営管理資料もIFRSで作るのが望ましいが、単体決算を日本基準で作る現行の制度ではどうしても無理がある？

　ということになりますと、日本基準をベースにIFRS調整仕訳を行う方式で連結決算に対してIFRS適用を行ったとしても、やはり経営管理資料もIFRSをベースに作成していける体制にしていくことが望ましいと考えます。

　しかし、各種予算資料や実績資料もIFRSベースにするとした場合、例えば、各事業部の売上や利益予算、また品目や顧客ごとの予算数値などもIFRSベースになっていないと、不都合が生じてしまいます。日本基準をベースにIFRS調整仕訳を行う方式でIFRS適用を行おうとした場合に、例えば、品目ごとの採算性などを見るような場合は、個別品目ごとに調整を行わない限り、IFRSベースでの公表資料と管理資料が厳密にはつながらなくなります。

　一方では、すべて一からIFRSベースで作れるのかといいますと、連結決算を構成する単体決算はIFRSの適用は認められて

おらず、日本基準で作成しているわけですから、単体決算の管理資料は日本基準となり、単体決算の経営管理資料はどうしても日本基準にならざるを得ません。社内に2つの種類の管理資料が存在してしまうことも考えられます。

公表する連結決算数値と連結決算を構成する各社の単体決算、それらのもとになる、あるいはそれらから展開される経営管理資料とこれら3つが絡み合ってグループ全体の決算資料となっているわけですから、そもそも連結決算はIFRSで、単体決算は日本基準でという現行の制度自体に若干の無理があるといわざるを得ません。

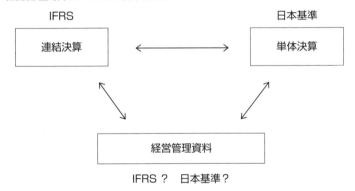

経営管理資料はIFRSか、日本基準か？

3. 経営管理資料との整合性を考えたら個別財務諸表（単体決算）でも、できるだけ日本基準の範囲内で IFRS での会計処理に合わせるのがよい

　制度上は、単体決算ベースは日本基準で、連結決算のみ IFRS の適用、すなわち単体決算においては IFRS の適用が認められないことになっていますが、このダブルスタンダード方式では前項で述べましたように経営判断のもとになるべき財務情報という意味からすると問題ですし、現場も混乱します。

　もし、経営管理資料が2つの基準で混乱することを避けたいと思うならば、一つの解決策として次のようなことが考えられます。

　すなわち、大きな差異があるものについては、できるだけ個別財務諸表の段階で日本基準の範囲内で IFRS での会計処理に合わせていくことです。現状において、IFRS に基づく会計処理は、日本基準では採用しえないものも確かにありますが、かなりの項目について、よく検討すれば現行の日本基準上も認められるものも多いのではないかと思います。

　大きな差異は個別財務諸表上も IFRS の処理に合わせて、細かい差異のみ IFRS 調整（そのうち重要性のないものはそもそも調整しない）するのであれば、ここであげたような弊害はかなり解決できるものと思われます。

（単体決算における日本基準の IFRS に合わせた変更については、第3編第1章 Point8 を参照してください。）

Point 4

(考察) 連結決算単体決算(連単)一致の制度を目指して、単体決算にもIFRS適用の柔軟な対応が望ましい

　日本基準は、コンバージェンスを通じて多くの点においてIFRSと同じになってきました。もちろん、まだまだ多くの課題はありますが、現状において日本基準では認めていないものについても、今後は日本基準自体を柔軟に改正していき、連結決算に合わせた処理も柔軟に選択可能にしていくことも検討されるべきかと思います。

　例えば、一つのアイデアとして、のれんの償却問題については、IFRS任意適用会社が作る日本基準での単体決算については、必ずしも償却だけが選択肢となるのではなく、会計方針としてのれんの償却、非償却を選ばせるようにできるようにするなどの方法はどうでしょうか。そのかわり注記により、しっかり開示すれば投資家は判断できるはずです。そうすれば、IFRS適用する会社にとっては、単体決算と連結決算の会計処理を合わせることができるようになります。

　いっそ、もう一歩突っ込んで、単体決算自体にもIFRSの任意適用を認めるということも検討されるべきではないでしょうか。

　単体決算にIFRSを適用するという議論に対しては、いろいろな問題があることは承知しています。もし、単体決算にもIFRSの適用が認められるということになりますと、税務との調整という

問題も出てきます。例をいえば、出荷基準で売上を上げていたものについて、検収基準に切り替えたとするとその分収益認識が遅れますが、税務上は出荷基準で計算した売上になると思います。よって、その差額を別表で加算調整をしなくてはなりません。

現行制度では単純に課税所得が増えてしまいますが、そのような場合には税務上の別表で減算調整ができるようにするなどの手当てがされるべきではないかと思います。

もちろん、単に会計や税務の問題だけではなく、会社法上の分配可能利益の問題、資本と負債の区分の問題、債権者保護の問題、取締役の責任の問題などいろいろな課題があることは理解していますが、前述したように国際的に共通の基準により経営判断が行えるような環境の整備のためには、連結決算と単体決算と同じ会計基準にしていくことは必須であり、それに向けてもっと積極的な議論が望まれるところかと思います。

Point 5

(おさらい)　本書のおすすめするタイプは、これっ！

上記の議論では、経理の現場の声としては、できれば現状の会計処理は変えたくない、そうはいってもIFRSと日本基準の2つの基準に基づく経営管理資料が混在するのもどうか、とするならば、どうしたらよいかについておさらいしてみましょう。

まずは前提として、IFRSと日本基準でどのような会計処理の差があるかをしっかりと把握します。

その上で、次のタイプが考えられます。

《タイプその1》

とにかくできるだけ手間をかけずに、まずはIFRS導入をすませたい。それを一番に考えるタイプ。そのタイプは、連結決算をできるだけ日本基準に近づけることです。

IFRS適用の連結決算においては、重要性がない場合は必ずしも原則的な会計処理を採用しなくてもよいということを利用して、できるだけ従来の日本基準での会計処理が採用できないかを検討します。そうすれば、従来の会計処理はできるだけ変えないですみます。

例えば、連結決算において、リースの処理や退職給付の処理については、重要性の考え方を活用して単体決算での処理のままとするなどがあげられます。

合わせて、単体決算はまったく従来通りとし、連結決算もまずは日本基準で作成し、IFRSとの差異だけをIFRS組み換え処理を行うことにより、IFRS対応の連結決算を作ります。

これが一番手間のかからない方式かと思います。

（メリット）手間をかけずにIFRS適用が実現します。IFRS適用の初期段階ともいえます。

（デメリット）確かに手間やコストはかからないとは思いますが、実質的には日本基準で単体も連結も決算していることになり、公表している連結決算と経営管理資料が不一致となりIFRSを経営に生かせません。

《タイプ2》

　できるだけ手間をかけたくないのはもちろんではあるが、それだけにこだわるのではなくIFRSを活用して可能な範囲で連結決算と単体決算の一致を図りたいタイプ。このタイプは、単体決算をできるだけIFRSに近づけることです。

　タイプ1と基本的にはまずは同じスタンスで臨みますが、連単一致を目指して、従来の会計処理を変えたくないという方針は柔軟に考えて、単体決算においては日本基準の範囲内ではあるが、IFRSでの会計処理に合わせられるものはないかを模索します。

　例えば、単体決算において固定資産の耐用年数は連結決算に合わせる、売上計上基準を検収基準に変える、受取家賃のフリーレントの処理を期間按分に変える、などがあります。実は、かなりの範囲で日本基準においてもIFRSと同じような会計処理にできるものと思います。

　その上で、どうしても差が出るものについては、IFRS組み換え仕訳により連結決算を作るということにします。そうすれば、単体決算のかなりの部分が連結決算の会計処理と平仄が合います。

（メリット）単体決算と連結決算の経営資料がかなり部分で統合できます。最初、単体決算の会計処理の変更は大変かもしれませんが、一度変えてしまえば、単体と連結とが一致してくるので結果として手間もかかりません。

（デメリット）単体決算の会計処理を日本基準の範囲内ではあるが、結果としてIFRSと同じように処理にしてい

くことについては、今まで税務の扱いと会計処理が一致していたものが不一致となり、税務調整が必要となったり、また、それにより課税所得が増える可能性があります。例えば、売上計上基準を検収基準に変えるような場合、税務は出荷基準となるとその差を調整しなくてはなりません。また、受取家賃のフリーレントの処理を期間按分に変えると課税所得は増加してしまいます。

《本書のおすすめするタイプ》

　本書のおすすめするタイプは、タイプ1とタイプ2の合体版です。実はタイプ1とタイプ2は対峙するものではありません。タイプ1は導入当初の形、そしてそれが発展してタイプ2の考え方も取り入れていければと思います。もちろん、これですべて解決ということではありませんが、手間をかけずにかつIFRSを活用して単体決算と連結決算をできるだけ近づけるという2つのことを目指した形です。

　すなわち、下記の2つの方針をうまく組み合わせていくことがよいと思います。図を見てもらうとよいと思いますが、次の2つがポイントだと思います。

- 連結決算はIFRSを適用しますが、重要性のない範囲では単体決算の従来の日本基準による処理を採用することにより、単体決算に近づける。
- 一方、単体決算では、日本基準の範囲内ではあるが、できるだけIFRSの処理に合わせられるところは合わせる。

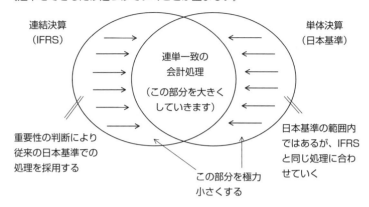

Point 6

IFRS調整仕訳の留意点

　連単一致を目指して仮にIFRSの規定に合わせた処理を日本基準で認められる範囲でできるだけ個別財務諸表段階においても適用するとしても、やはり日本基準では認められていない処理もかなり存在するため、IFRS導入に際して、通常、どの会社でもIFRS調整仕訳は必要となります。

　ここでは、あらためてIFRS調整仕訳の基本的考え方と注意点を例示して説明したいと思います。

【イメージ】
日々の業務→単体決算（日本基準）
　　　　　→連結決算（日本基準）→・→連結決算（IFRS）
　　　　　　　　　　　　　　　　　　↑
　　　　　　　　　　　　　　　IFRS調整仕訳

1. 基本的な考え方は連結決算仕訳と同じ

まず、簡略化するため、税効果を考えないものとします。またIFRS調整仕訳の結果、1期目は売上が10、売掛金が10それぞれ減少したものとします。

また、2期目には、1期目の差異は解消したものの、新たに売上が20、売掛金が20それぞれ減少したとします。

(1) この場合、1期目のIFRS調整仕訳は次のようになります。
　　（借方）売上　　　　　　10　　（貸方）売掛金　　　10

(2) 2期目のIFRS調整仕訳
　① 2期目では、まず、(1)を開始仕訳として次のように引き継ぎます。
　　（借方）期首利益剰余金　10　　（貸方）売掛金　　　10
　② 次に①の仕訳を実現させます。
　　（借方）売掛金　　　　　10　　（貸方）売上　　　　10
　③ 2期目のIFRS調整仕訳を行います。
　　（借方）売上　　　　　　20　　（貸方）売掛金　　　20

以上の流れは基本的に連結決算仕訳と同じです。次からは応用となります。

2. まず、4つの簿価という整理が必要です

まず、4つの簿価が出てくるという理解が必要になります。

それは、次の4つです
① 個別財務諸表上の簿価
② 税務上の簿価
③ 連結決算上（日本基準）の簿価
④ IFRSベースの連結決算における簿価

これらのうち、①～③については、従来の日本基準のもとでも存在していた概念ですが、④がIFRSのもとで新しく加わることになります。

現状のルールでは、IFRS適用会社は従来の日本基準とIFRSとの主な差異の開示が求められています（「企業内容等の開示に関する内閣府令」第2号様式記載上の注意（30）c、d）。さらに個別財務諸表では日本基準での作成になるため、日本基準でまず連結財務諸表を作成し、その後IFRS調整仕訳を加味してIFRSベースの連結財務諸表作成という流れになるのが通常です。そこで最後のIFRSベースでの連結財務諸表上の簿価という概念が必要となるわけです。

3. 次に税効果会計の適用

　具体的なイメージを持っていただくため、先の例と同じ前提ですが、税効果を加味した場合の仕訳を示したいと思います。なお、法定実効税率は、ここでは40％と仮定します。

（1）この場合、1期目のIFRS調整仕訳は次のようになります。
　　　（借方）売上　　　　　　10　（貸方）売掛金　　　　　10
　　　（借方）繰延税金資産　　 4　（貸方）税金費用　　　　 4
　売掛金につき、個別財務諸表上の簿価＝税務上の簿価＝連結決算上（日本基準）の簿価であったにもかかわらず、IFRS調整仕訳により、IFRS上の簿価のみ10だけ小さくなることになります。そのため、これは一時差異となります。将来の課税所得や将来加算一時差異、タックスプランニングの存在により、当該一時差異の回収可能性がある場合は上記のように税効果を認識することになります。

（2）2期目のIFRS調整仕訳
　① まず、(1) を開始仕訳として次のように引き継ぎます。
　　　（借方）期首利益剰余金 10　（貸方）売掛金　　　　　10
　　　（借方）繰延税金資産　　 4　（貸方）期首利益剰余金 4
　② 次に①の仕訳を実現させます。
　　　（借方）売掛金　　　　　10　（貸方）売上　　　　　　10
　　　（借方）税金費用　　　　 4　（貸方）繰延税金資産　　 4
　③ 2期目のIFRS調整仕訳を行います。税効果の回収可能性

は同じく全額あるものとします。

(借方)売上　　　　　　　20　(貸方)売掛金　　　　　20
(借方)繰延税金資産　　　 8　(貸方)税金費用　　　　 8

4. IFRS調整仕訳の留意点（その1）期中発生、期中解消のIFRS調整対象取引

　以上のように、税効果を加味したとしても、基本的には通常の連結決算仕訳と大きな相違はありません。しかし、注意すべき点があります。それはIFRS調整対象取引が期中に発生し、期中に解消したような場合です。

　連結決算仕訳の場合、取引高の相殺消去仕訳というものがありますが、これらはグループ内の取引を消去するパターンです。そのため、取引当事者間の取引高は基本的に一致するので誤りは生じにくいと思います。

　これに対し、IFRS調整仕訳については、グループ内取引のみならず、グループ外との取引もすべて対象となりますので、期中発生、期中解消取引についての手当てにミスが生じやすいと思います。

　具体的なイメージを持っていただくため、IAS第23号「借入費用」によって当期に適格棚卸資産に係る借入費用の資産化を行い、その資産を当期に売却した取引を仮定したいと思います（なお、借入費用以外の棚卸資産の金額は10、借入費用部分は1とし、当該資産を期中に20で売却したとします。税効果は無視します）。この場合、正しくIFRS調整仕訳を計上すると次のようになります。

(1) 資産化
　　(借方)棚卸資産　　　　1　(貸方)借入費用　　　1

(2) 当該資産の売却
　　(借方)現金預金　　　　20　(貸方)売上　　　　　20
　　(借方)売上原価　　　　11　(貸方)棚卸資産　　　11

(注) 説明の便宜上の仕訳であるため、実務上の仕訳とは異なっています。

　一見すると何の問題もないように見えると思いますが、なぜこのような場合に注意が必要かというと、IFRS調整仕訳をストックベースで捉えると異なった結果になってしまうからです。
　棚卸資産に関し、借入費用の資産化の対象となるものは、ある程度長期にわたって製造、開発するものなので個別に管理するのが通常です。ここで、決算時の資産化対象となる棚卸資産のみをピックアップして、それに対して、資産化のIFRS調整を行ってしまうと、上記の例では、すでに期末には当該物件は存在しないため、IFRS調整が漏れてしまうことになります。

5. IFRS調整仕訳の留意点（その2）その他税効果の認識を検討する場合

　また、他にも留意事項として、日本基準をベースとした連結財務諸表をいったん作成した後に、IFRSベースの連結財務諸表を作成する場合、先にも説明した通り、連結決算上（日本基準）の簿価とIFRSベースの簿価に差異が生じることになります。そのため、これらの差異についても、個別に税効果の認識の要否を検討することが必要となる点です。

　さらにグループ間取引の相殺消去、債権債務の相殺、未実現損益の消去に関する仕訳などについてもIFRSベースの金額は日本基準のもとでの金額と異なりますので、IFRS調整仕訳及びその税効果を加味する必要があるので注意が必要です。

6. IFRS調整仕訳の留意点（その3）セグメント情報、経営管理資料

　IFRS調整仕訳についても、連結決算仕訳と同様、一本一本にセグメント情報を付加することが必要です。IFRSにおいても、当然、セグメント情報の開示は必要ですので、セグメント情報開示の効率化のためにも、当該作業は必須となります。

　また、これも重要な点ですが、経営管理資料について、IFRS調整仕訳の内容を反映させる場合は、どのように集計して反映させるのがよいかなどの検討も、あらかじめしておく必要があります。

Point 7

連結子会社における IFRS 対応

1.IFRS 調整仕訳を利用した適用の場合、子会社側の対応

　連結決算にあたり、子会社の IFRS 適用をどうするか検討しなくてはなりません。前述しましたが、本来、子会社側においても、親会社に倣って個別財務諸表の段階で日本基準の範囲内でできるだけ IFRS と同じ処理をしていくのが望ましいと考えます。これにより、グループの意思決定資料の統一化、決算作業の合理化も図れます。

　しかし、実際には子会社には、そこまで要求できない場合もあり、ここで検討するのは、子会社の個別財務諸表の段階で IFRS と同じ処理に合わせるのではなく IFRS 調整仕訳で対応しようとする場合の話です。

　IFRS 調整仕訳に関する子会社側の対応ですが、親会社が主導するかどうかで以下のパターンが考えられます。

　① IFRS 組替調整は、親会社主導で行うため、子会社側では従来通りの処理を継続
　② IFRS 組替調整は、子会社主導で行うため、子会社側で IFRS 調整仕訳を起票して対応

本書で想定している会社の場合、子会社の影響はそれほど大きくないケースを想定していますので、この場合は、各子会社でIFRS組替調整仕訳まで起票して、親会社ではIFRS組替調整後の試算表をもとに連結するのでも、親会社側で一括して各子会社分の組替調整仕訳を起票し、連結してもどちらでも大差ないと思います。ただし、いずれの場合でも、親会社側で調整の妥当性の検証が必要になりますので、IFRS調整に必要な情報を収集できるような体制の構築が求められます。

2. 決算日を変更または仮決算を行うことによる対応、決算作業の増加

　親会社と子会社の決算日が異なる場合、IFRSのもとでは、子会社の決算日を変更するかまたは仮決算を行うことによる対応が原則必要になることは既に述べました。ちなみに、決算日に差異がある場合は、親会社の決算日よりも前になっているケースがほとんどです。

　日本において子会社の決算日が親会社の決算日より前にあるケースが多いということは、先に子会社の決算をすませ、余裕をもって親会社の決算並びに連結決算をしようという決算作業の効率化を考えての対応だと思いますが、IFRS適用により、グループ全体の作業が従来よりも確実にタイトになります。月次決算のレベルが本決算と相違がなければ対応はそれほど大変ではないのですが、月次決算のレベルが年度あるいは四半期決算と大きく異なる場合は、インパクトは大きくなります。

　決算早期化に対応するには、従来よりもより一層の決算作業

の標準化、効率化により、親会社と同水準のスピードと正確さが求められるということです。決算スケジュールが早まる一方、連結パッケージにインプットすべき項目は従来よりも追加となるため、作業量は確実に増えます。これらの影響と対応策をできるだけ早い段階で把握する必要があります。

3. 子会社のIFRSに対する理解、そして以後のキャッチアップ体制

導入時期においては、重要な子会社については親会社と同様に差異分析などを行い、さらにグループ説明会などで処理を検討するため、子会社の担当者もそれなりにIFRSへの理解が要求されると思います。

しかし、導入後に各子会社の担当者がそれぞれ別々にIFRSのキャッチアップを行っていくのは至難の業です。一度デザインを決めたら、後はそのままになるケースが多く、IFRSに関しても重要な基準の改正に対応していなかったなどのリスクが発生しやすくなります。そのため、親会社のほうで、適正にキャッチアップを図っていき、随時連結パッケージのアップデートなどを図ることが必要ですが、さらにグループの全体会議などの際にIFRSの最新情報のタイムリーな提供を行うことが有効だと考えます。

4. 機能通貨の決定は慎重にかつ迅速に

子会社及び関連会社(場合によっては、在外支店)で問題になりそうな論点の一つに機能通貨の決定の問題があります。従来

の日本基準のイメージのままだと、在外子会社等の機能通貨は当然、現地通貨だということになり、そのままにしてしまうリスクがあります。実際には、IAS第21号「外国為替レート変動の影響」に従って、売上や仕入、財務活動がどのような通貨によって取引されているかなどを検討した上で決定することになります。

これにより、結果として、機能通貨が現地通貨となる可能性は十分ありえます。機能通貨が現地通貨となる場合、従来の日本基準とほとんど変わりませんが、機能通貨が現地通貨でない場合は、取引はいったん機能通貨に直す必要があります。

なお、いうまでもありませんが、売上、仕入や財務活動等の変化により、機能通貨の変更が必要になる可能性もあります。期末の段階で機能通貨の変更の必要性に気付いても変更は不可能でしょう。そのため、来期の予算をベースに機能通貨の変更が必要でないかの検討プロセスも必要です。

Point 8

いよいよ開示書類の作成、開示のひな型や注記は

1. 開示のためのひな型づくりに早期に着手するのが有効

実際の財務諸表や注記などの開示書類の作成についての検討ですが、まずは早めに開示のための箱となる「ひな型」を作成しておくことをお勧めします。この箱に数値を埋めれば、そのまま開示資料になるように注記項目ごとにひな型を作成しておくので

す。この作業は、かなり早い段階から準備ができるため、完成度をあまり気にせず、まずは作成に取り掛かるのがよいでしょう。

　すなわち、ある程度着地点（開示書類）をイメージして最初からスタートできるようにすることにより、次のようなメリットがあります。

① 開示や注記の作成は思ったよりも時間がかかるため、これを最後にすると時間的に間に合わなくなってしまうリスクがあるが、事前に準備しておくことにより当該リスクを減らすことができる。

② 作成段階で、それまでの議論では気付かなかった点、検討不足だった点がいろいろと見えてくる。

③ また開示に必要な資料から、作成すべき管理資料も逆算でわかるようになり、不要な資料を作ったりしてしまう無駄がなくなる。

④ 初期の段階から最終着地点である開示を意識しておくことにより、思わぬ開示のミスをしてしまうリスクも減らせる。

　例えば、金融商品の注記などは従来の日本基準よりも大幅に記載を追加することになり、また、そもそもどこまで記載すればよいか判断に迷う箇所も多いと思います。しかし、数値が必要となる箇所は限られているため、それよりも数値以外のところを作り込んでおくのが効率的かつ効果的です。

　開示に必要な項目については、具体的にはIFRSの各基準に書かれている開示の要求事項に従って検討していくことになります。従来、日本においては要求されていなかった開示事項も多いため、どのような開示を行うか、また、その開示のために必要な資料は何かを検討していくことになります。

2. 意外に難航する注記事項の作成作業

　導入した実感としては、意外に注記事項の作成作業は難航します。

　ひな型ができあがれば、あとは数値をどんどん入れ込むだけでよいので、これは意外と早くできるのではないかと考えるかもしれませんが、最初はこれも大変だと思います。IFRS調整仕訳で、各勘定科目の値は算出できますが、注記に必要な情報を、IFRS調整仕訳と結び付ける作業も必要になるためです。例えば、多くの注記項目で、関連する勘定科目や項目の期首の金額から期末の金額への調整表を作成する必要があります。

　期中の増減としては、取得、売却、除却、振替え、償却等、項目によって内容は異なりますが、これらの増減項目も当然、すべてIFRSベースでの金額になります。つまり、IFRS調整仕訳をこれら増減項目に結び付けて把握することが求められます。IFRS調整仕訳の数が多くなければ、この作業も簡単にできますが、数が多くなると簡単には集計できなくなりますので、工夫が必要でしょう。

　その解決策の一つとして、例えば、連結パッケージに勘定科目ごとの増減明細をつけて、増減理由ごとに日本基準に基づく数値のみならず、IFRS調整項目の数値も入力させる方法が考えられます。

　これにより、当該増減明細のIFRS調整後の金額が、連結財務諸表の各勘定科目の金額と一致することにより、その正確性が検証できるとともに、注記情報もこれらの資料からダイレクトに

作成することができます。

　会社によって、様々なやり方があってよいと思いますが、これらの注記情報の作成に必要な情報についても効率的に把握できるように早めに準備しておくことが望まれます。

3. 重要でない項目はそもそも開示しない。開示にも重要性あり

　会計処理同様、開示についてもある程度の重要性が認められていて、明確に規定されています。具体的には IAS 第 1 号「財務諸表の表示」31 項で「情報に重要性がない場合には、IFRS で要求されている具体的な開示を提供する必要はない。」とあります。

　日本基準における開示の実務だと、該当事項がある場合は金額的、質的重要性がほとんどないにもかかわらず開示することが多いように思います。IFRS のもとでは、このように重要性がない場合は開示する必要がないことが明確になっていますので、明らかに重要性がなければそもそも開示する必要はありません。開示しないことが決算の効率化のみならず、投資家にとっても重要な情報にフォーカスできるため、双方にとって望ましいことだと思います。何でもともかく開示しておけばいい、という発想から、重要性のないものは投資家にとっても必要ないのだから、開示の必要はない、という意識を持つことが大切です。

　そのため、どの項目を開示するか是非、事前にしていただきたいと思います。

4. 他社事例を活用する場合の留意点

　日本においても、任意適用要件が緩和されたこともあり、IFRS任意適用会社も増加してきています。そのため、最初は特に先行している同業者の開示等を検討することは大いに参考になることでしょう。ただし、この際に注意していただきたい点として以下があります。

　① 重要性が乏しいため開示していない項目があること
　先にも説明したように、その会社にとって重要でない情報は開示する必要はありません。そのため、同業他社が記載していないからといって、自社も記載しないといった判断をしてしまうと、大きな漏れが生じてしまうリスクがあります。反対に、自社にとってはそれほど重要性がなくても、他社にとっては重要性がある項目については、非常に詳しく情報を開示している可能性があります。自社の置かれている状況や自社にとっての当該情報の重要性を正しく判断した上で、他社の開示を参考にする必要があります。

　② 経営環境や、会計方針の違いを正しく理解する
　これは開示の検討段階だけでなく、最初の会計方針の検討の際にもいえることですが、特に、同業他社の会計方針はどのようになっているかを参考にすることが多いでしょう。
　例えば、同業他社は従来、定額法のほかに定率法も採用していたが、IFRS導入によって、すべて定額法にしているかもしれ

ません。しかし、このような場合でも、安易に自社もすべて定額法にすべきということにはなりません。そもそも他社とは置かれている状況が違うにもかかわらず、同業他社だからといって何の考えなしに追従するのはかえって望ましくありません。あくまで、自社の置かれた状況をもとに個社ごとに判断すべきです。ある項目で会計方針が異なれば、注記項目も変わってくる可能性がありますので、これらの違いを正しく理解することが必要です。

　IFRS全般にいえることですが、横並び主義ではありません。個社個社の属性、特性をよく理解して最適な開示を行う、という基本的な方針を忘れずに他社事例を参考にしてください。

5. 開示のひな型ができたら早めに監査人にチェックしてもらう

　日本基準のもとでは、新しい開示事項についても、開示書類の印刷等を行う印刷会社の記載例等がすぐに対応するため、しかもかなり精緻に対応するため、開示イメージについて事前に監査人のチェックを受ける必然性は前ほど必要なくなったかもしれません。もちろん、一義的には会社が考えるという二重責任の原則の適用も影響しているかと思います。

　ところがIFRSになると、現実的な話しとして、新しい基準に基づく開示などは、日本での開示例も乏しく、また開示自体をどこまで行うかという重要性の判断も入ってきます。数値を全部入れて完成した段階になってから監査人に提出するのではなく、基準で要求されている開示事項をもとに開示のひな型を作成したら、その段階で早めに監査人のチェックを受けるのがよいでしょ

う。多少、日本基準の時とは区別して考え、独立性を保ちつつ一緒に考えましょうというスタンスの方がよいと思われます。

監査人側も新基準については随時キャッチアップしているはずですし、開示の重要性についても一定の判断基準があるはずなので、タイムリーに協議することにより、スムーズに開示資料の作成ができると思います。

6. 海外の事例も参考になる

欧州ではIFRS適用事例が豊富にあるため、これらも参考になると思います。日本において任意適用会社数が増加してきているといっても、絶対数は少なく、また現段階ではすべての業種の例もありません。

そのため例えば、自社と同じ業種の欧州会社の開示例などを参考に検討することも考えられます。この際は、インターネット等を通じて直接公表財務諸表を入手するほか、市販の開示に関する書籍でまとめている場合もあり、それを利用してもよいでしょう。比較的簡単に入手可能です。IFRS実務が進んでいる海外事例を参考にするのは、関係者に対する説明の際にもかなり説得力のあるものとなります。

ただし、一般的な傾向として欧州の注記の内容は、IFRSを先行適用している日本の会社に比べて非常に詳細になっています。そのため、参考にするにしても他の注記箇所とのバランスなども検討の上、利用する必要があります。

7. 利用した資料はアップデートされているか

　開示関係の資料は、現時点でいろいろなところから入手が可能ですが、大切なのはそれらが随時アップデートされ、自社が適用しなければならない基準が適切に反映されているかどうかということです。

　IFRSでの開示の要求事項も随時変更されているため、アップデートに適切に対応することが必要です。これらについても十分留意する必要があります。

Point 9

四半期決算への対応、四半期決算の開示についてもあらかじめ検討しておく必要あり

　日本の場合、上場会社は四半期決算での開示が求められています。仮に年度末からIFRSを適用した場合であっても、すぐに翌期の第1四半期の開示が求められることになります。そのため、年度決算のIFRS適用とともに、そのあとの四半期決算の対応が検討となります。

　四半期決算にどのように対応するかは、意外に見落とされがちですが、IFRS導入初年度においてはIFRS適用体制が十分でない場合もあります。それにもかかわらず四半期決算はすぐにやってきます。特に会計処理を変更したような場合、変更した会

計処理に合わせて各現場がIFRS適用体制になっていればよいですが、そうでない場合は、IFRS調整仕訳による対応になる場合も考えなくてはなりません。四半期決算対応もIFRS導入初年度において十分な事前の検討が必要です。

IFRS適用において、四半期決算の特有な問題として、年度決算と異なる処理が認められるのかという点があります。

日本基準においては四半期決算においては、四半期特有の処理または年度決算よりもある程度の簡便的な処理が認められています。IFRSのもとでも、引き続き、これらの処理が認められるかどうかの確認が必要となります。例えば、日本基準のもとでの原価差異の繰延処理や、税金費用の計算を年度と同様に計算する方法はIFRSでは原則認められていないため、このような会計処理の違いについても事前に詰めておく必要があります。

原価差異の繰延処理について、四半期財務諸表に関する会計基準において、「標準原価計算等を採用している場合において、原価差異が操業度等の季節的な変動に起因して発生したものであり、かつ、原価計算期間末までにほぼ解消が見込まれるときには、継続適用を条件として、当該原価差異を流動資産又は流動負債として繰り延べることができる。」と一定の条件をもとに繰延処理が認められていますが、IFRSにおいては、IAS第34号「中間財務報告」に当該処理は一切、記載されていませんので認められないと考えられます。

ただし、IAS第34号には、年度よりもより多くの見積りを行う必要がある旨も記載されています。

また税金費用の計算ですが、四半期財務諸表に関する会計基準上は、税金費用の計算を年度と同様に計算するのが原則で

あり、見積実効税率による計算は簡便法としての位置づけになっています。これに対し、IFRSにおいては見積実効税率による計算が求められています。ただし、赤字の会社がないため、年度と同様に計算した結果≒見積実効税率による計算となるようなケースは、従来の日本基準における原則的方法によったとしても問題ないと判断されるケースもあり得ます。

　ただし、実感として四半期における論点は期末の本決算ほど多くなく、また開示についても分量は多くないため、四半期については事前によく検討しておけば、十分対応が可能かと思います。

【イメージ】
　　　1Q　⇒　2Q　⇒　3Q　⇒　年度決算
……四半期特有な簡便法の検討……⇒　原則的方法

Point10

決算早期化のための工夫

　次のような理由から、IFRSでは決算作業の全体的なボリュームや作業の短期集中は増加します。そうなると、従来と同様のタイミングで開示しようとするならば、決算の早期化を進めなければなりません。

- 子会社や関連会社の財務諸表の取り込みは親会社に合わせる必要があること

- 様々なIFRS調整仕訳を起票しなければならないこと
- 開示資料も日本基準よりも作成に時間がかかること
- 上記に加え、単体決算は日本基準で従来通りの会社法、金商法に基づく決算、開示を行わなくてはならない。

そのためには人員増員や、作業の一部外注なども考えられますが、その他有効な施策としましては、

- 可能な範囲で残高確認や棚卸を前倒しで実施（監査人とよく協議が必要）
- 無駄な資料を作成していないかの見直し
- 監査人への説明資料と社内用説明資料の共通化
- 手待ち時間を利用して、作業を前倒しで実施
- 作業の標準化
- システムから出力できる資料をうまく活用する

など、各社ごとの工夫も必要です。

Point11

IFRS適用に際し、求められる会社の対応能力、専門人材の育成はどうすべきか

1. 求められる人材と人員体制

　求められる人材としては、理想は、日本基準とIFRSの両方に理解が深く、両者の差異を正しく理解している人が望ましいのはいうまでもありません。個別財務諸表はあくまで日本基準での開示になるため、従来通り日本基準のキャッチアップは不可避です。一方で、IFRS自体もまだ完成した基準というわけではなく、今後も随時改訂されていくため、両基準を正しく理解できる人材が求められます。

　IFRS調整の担当も既存の人員でうまく役割分担すれば、一人当たりの負荷を分散することができます。ケースバイケースですが、一つひとつの調整仕訳については仮にIFRS全体の理解が十分でなくても、その部分だけであれば対応可能なことが多いと思います。よって、きちんとしたルール、マニュアルを整備できれば、新たな人材を雇用しなくても対応できるケースは多いと考えます。ただし、現状、すでに最低限の人員で決算をまわしている場合で、これ以上の作業量の増加にその人員では対応できないということであれば、導入時に既存の人員だけで対応するのはリスクがあるでしょう。

完全に軌道に乗ったあとならともかく、導入時は様々な作業が発生するため、その場合は、人員の補強は必要だと思います。
　もちろん、現状の決算作業に改善すべき点があるかどうかの検討は必要です。まずは既存の決算作業の合理化を図ることによって、IFRS導入への対応余力が発生することもあります。この場合は、新たな人員補強は不要になりますので、現状、どのような状況かの検討が必要です。
　なお、IFRSに精通している人物が自社にいるような場合で、それほど調整項目が多くないケースでは、IFRS対応はその人物にほとんど任せきりにしてしまい、他の担当者は理解していないようなことも起こり得ます。しかし、特定の人物に集中してしまうと、
　① その人物内で作業、チェックが完結してしまい、相互チェック、相互牽制機能が働かない
　② その人物が退職したり急病になったりした場合、最悪、決算発表ができなくなってしまう
などのリスクが生じてしまいます。そのため、なるべく情報は共有化、標準化し、基準の趣旨や、IFRS調整仕訳の内容などは多くの担当者が理解できるようにするのが重要です。最初のうちは、勉強会などを開いて相互の理解を深めるとともに、導入後も定期的に勉強会などを実施するのがよいでしょう。
　また、IFRS適用に際して英語対応能力は必要かという議論もあります。もちろん、社内に英語に精通している人材はいると思いますが、その方が会計の知見があるとは限りません。IFRSの原文はもちろん英語です。また、先行している海外の開示例も英語です。よって、会計の知見があって英語に精通している人材がいれば、それに越したことはありませんが、必ずしも必要ないと

いうのが実感です。

　といいますのは、IFRSの基準については、IFRS財団が公表している英語版のほかに、公益財団法人財務会計基準機構並びに企業会計基準委員会が英語版を翻訳して公表している日本語版があるため、英語の原文にあたる必然性は高くありませんし、最新の動向のキャッチアップについても、うまく監査人と連携をとればそれほど問題にはならないと思います。海外の開示例の分析もそれほど高度な英語能力を要求されるわけではありませんので、あまり心配する必要はありません。

2. 経理セクションの担当者のみがわかっていれば対応できるのか

　どうしてもIFRS導入というと、会計基準の話なので、経理セクションの担当者が対応すればなんとかなると思われがちですが、実際にはその他のセクションの担当者にも多かれ少なかれ影響はあります。むしろ実感としては、経理セクションだけでは対応できないケースが多いと思われます。例えば、耐用年数や残存価額の定期的な見直しが必要となりますが、これはそれぞれの固定資産を管理しているセクションの協力が必要です。売上の計上基準の変更となれば、取引先との契約のみならず、取引の内容自体にも影響する可能性があります。

　すべてのセクションの担当者がIFRSの基準に精通する必然性はありませんが、少なくとも新たな作業が求められた場合、どのような基準に基づいて、なぜそれが必要なのかは理解しておく必要はあると考えます。

また、作業の意味をよく理解して行うのと、そうでない場合とでは、担当者のモチベーションや作業の正確性、効率性に大きな影響があります。

3. IFRSのすべてに精通する必要はありません

　まずIFRSはあくまでも会計基準ですし、その意味では日本基準と同じですから、あまり特別視する必要はありません。IFRSのすべてを理解しなくてはと思う必要もありません。IFRSに関してどこまで理解すればよいかですが、基本的に自社に関連するところを中心の理解でよいと思います。例えば、工事契約に関する基準について、自社にはまったく関係ないということであれば、工事契約に関する部分について深く理解し、検討する必要はないということになります。

　もちろん、新規事業を行う場合や、あるいは会社買収などにより今まで関係なかった論点も把握しなければならない可能性はありますから、関係ないからといってまったく無視してよいというわけではありません。このことは、従来の日本基準のもとでも同じかと思います。

　IFRS適用後は、日本基準（個別財務諸表）ともに、IFRSでの検討も必要になるため、すべてに精通する必要はなくとも両方ともにその動向については気にしておく必要はあります。

4. 外部コンサルタントの利用と社内の人材育成について：外部のコンサルタントに丸投げは避ける

　IFRS を任意適用するためには、連結財務諸表規則第 1 条の 2 に規定されている以下の要件を満たすことが必要です。

1　連結財務諸表の適正性を確保するための特段の取り組みに係る記載を行っていること
2　指定国際会計基準に関する十分な知識を有する役員または使用人を置いており、指定国際会計基準に基づいて連結財務諸表を適正に作成することができる体制を整備していること

　2 に記載されているように、会社側に IFRS の十分な知識を有する人材がいることがそもそも任意適用の要件となっています。ただし、IFRS の導入検討時期においては、このような人材がいるケースはむしろ少ないと思います。
　そのため、導入検討の初期段階から外部のコンサルタントを活用して導入を進める会社もあると思いますが、安易に外部コンサルタントを利用するのでなく、できれば、まずは社内で差異分析表を作成して、そのギャップの程度によりコンサルタントをどの程度活用すべきかを決定すべきです。または外部コンサルタントにその差異分析表の作成自体を依頼することもあると思いますが、丸投げするのではなく、コンサルタントと共に一緒に作る姿勢が必要ですし、コンサルタントに対してもまずは差異分析表を会社

とともに作りたいといえば、その趣旨はわかるはずです。

　差異がそれほど大きくなく、スプレッドシートを使用して IFRS 調整仕訳を作れば十分対応可能でしたら、外部のコンサルタントに依頼せずとも IFRS 適用が可能かと思いますし、仮に依頼するとしても主体的には会社のほうで進めるので、不明な点のみを相談に乗ってほしいというような利用の仕方もあります。かなり差異が大きく作業的にも膨大となり、とても社内の人材では無理となったとしても、任意適用に際しては、その要件となっているような十分な知識を持った人材が必要になるため、外部コンサルタントに丸投げをするのではなく、適用開始時点では社内で処理できるような体制作りを目指して人材育成に力を注がなくてはなりませんので、注意してください。

5. IFRS 導入時の効果的な方法と監査人、外部コンサルタントの活用

　社内の人材をそろえるという意味においては、IFRS 導入にあたり必要な人材を外部から採用することも考えられます。ただし、IFRS の導入とは、例えば、IPO（新規上場）の作業のようにその時の審査に通るための資料作りが大切といった性格のものではなく、あくまでも導入はスタートであり、以後 IFRS 適用はずっと続くことですから、外部から採用するにせよ、内部で育てるにせよ、一時的な対応でなく、長期的な対応が必要です。

　なるべくコストをかけないことを前提とすれば、既存の人員の育成が望ましいということになります。

　ここでは、会社が IFRS を導入し適用続けるために効率的な

方法として、以下の3つのポイントを押さえることをお勧めします。

① IFRS全体を理解しようとするのではなく、あくまでも日本基準をベースとしながら、日本基準とIFRSの差異を中心にIFRSの内容を把握する

日本基準のもとで実務についていれば、業務に関連する日本基準はある程度理解が進んでいるものと思われます。IFRSとの差異は、細かい点まであげれば現状でも相当数にのぼりますが、一方で共通する点はそれよりもはるかに多いといえます。

ある会計処理を検討する場合、最初からIFRSの規定を読み込んで確認しようとすると、日本と全く同じ基準であるにもかかわらず、文言の言い回しが異なるため、理解できないということがたびたび発生します。

またIFRS全体から会社の業務に関連する基準のみ押さえようと思っても、どのIFRSの規定が関連しているかをつかむことも困難でしょう。さらに、一からIFRSの基準を確認する方法では、重要な差異があったとしても、その他の細かい論点に埋もれてしまって見落としてしまうリスクもあります。時間が無制限にあるならともかく、限られた時間の中で効率的にマスターするには、まずは日本の基準をベースに置き、IFRSでの処理との差異を押さえるアプローチをとるのが現実的だと考えます。

例えば、棚卸資産関連の論点でしたら、現行の日本基準を把握した上で、日本基準とIFRSとの差異にどのような論点があるかを検討することにより、重要な差異部分を把握するだけで棚卸資産に関するIFRSの全体像がわかるようになります。これを最

初からIFRSベースで把握するとなると、差異がない基準もすべて検討する必要がでてくるため非効率であるといえます。

② 監査人とのミーティングの場を多く設ける

　監査人は監査を行うという立場から、監査対象会社とは独立性を保つ必要があります。そのため、IFRS導入作業そのものを監査人が実施することはできません。一方で、当該独立性に反しない範囲で、アドバイスをすることは認められています。例えば、差異分析表についてコメントを求めたり、重要性のない処理については簡便的な処理が認められるかどうかのアドバイスをもらったりすることはできます。

　特に、長期に関与している監査法人においては、会社の特性や属性また特殊な取引などに精通しています。このことは、IFRS適用においてどのような処理をすべきかの判断において非常に有効なアドバイスを得ることができます。

　これに加えて定期的な勉強会も兼ねて、論点につきミーティングを設けると、IFRSに対する理解が一層深まると思います。ここでも差異が大きい論点を中心に会社の考えについてコメントを求める形式で進めていくと効果的です。

　さらに、「会社側としては、この大きな差異のみ調整すれば十分だと考えているが、これで問題ないか」という形でそれぞれの基準ごとに聞いていけば、その他の細かい差異についての監査人側の見解も聞くことができるため、うまく活用すべきです。その他、開示に関する事項や、新基準についても同様なことがいえます。

　ただし、もう一歩踏み込んだアドバイスを求めるような場合

は、監査契約とIFRSアドバイス契約を別々にするほか、より独立性に留意した対応が求められます。

③ コンサルタントの利用にあたっての注意事項

外部のコンサルタントを利用することももちろん有効です。ただし、注意しなければならないのは、多くのケースでその会社の細かい事情や特性に対する理解が十分ではなく、その業種ごとの大きな論点は知っていても、あくまでも一般論ということです。

よって、差異分析から始まって、それに対応するシステムや内部統制構築等を行う場合、コンサルタントに対してほとんど一から説明した上で実施することになるため、膨大な時間とコストが要求されることになりかねません。また、コンサルタントのアドバイスと監査人の意見との間で、会社が調整役になってしまい、対応に余計に時間がかかる可能性があることも忘れてはなりません。すなわち、外部コンサルタントが認識している差異と、監査人が認識している差異は必ずしも一致しません。さらに外部コンサルタントが認識している差異と会社側が考える差異も一致しないと思います。そのため、三者の調整に余計な手間暇がかかることもあるでしょう。

ただしその一方で、外部コンサルタントの活用により、会社の特性とはちょっと離れたスタンスで、一般論からの見方というものを知ることは、独りよがりにならず思わぬ盲点の発見にもなり、有効です。

④ IFRS適用の断念も常に頭に入れておく

加えてもう一つのポイントですが、IFRS適用にあたって、無

限にコストをかけてよいということはありません。うまくいかず、コストが膨大になるようなら、冷静に考えて思い切って適用を断念せざるを得ないこともありえます。いつでも、断念することを頭の隅に入れておくことも大切なポイントです。

Point12
税務との関係

1. 税務は単体決算の話しだから、連結にIFRS適用をする今の制度では関係ない？

　日本の今の制度は、連結決算にIFRS、単体決算には日本基準という仕組みですから、税務が関係するのはあくまでも法人単位となり、単体決算での話です（仮に連結納税制度を採用している場合であっても基本的には同じです）。そのため、IFRS導入に税務は関係ないと思われるかもしれませんが、実はそうではありません。

　本書では何度か述べていますが、会社にとっては連単一致がいろいろな面で望ましいと思われますが、現行のIFRS任意適用の中では、単体一致を図ろうとしますと単体決算すなわち個別財務諸表における会計処理を日本基準の範囲内ではありますが、できるだけIFRSに近づける、すなわち連結決算に合わせるために会計処理の変更をすることになります。単体決算の会計処理の変更はダイレクトに税務の問題に影響してきます。下記では、

それを場合分けして検討してみました。

単体決算を連結決算に近づけるために単体決算の処理を変更した場合の課税所得の変化

処理の変更の方向	その結果、会計的な変化	別表調整の手当て	その結果としての課税所得
① 収益をより早く認識	利益が多く出る	減算調整はできないため別表での手当はなし	課税所得は増加
② 収益より遅く認識	利益が少なくなる	別表で加算調整	課税所得は変化なし
③ 費用をより早く認識	利益が少なくなる	別表で加算調整	課税所得は変化なし
④ 費用をより遅く認識	利益が多く出る	減算調整はできないため別表での手当はなし	課税所得は増加

(注) モデルを簡素化するために、従来の処理が税務上の扱いと一致していることを前提

【①の例】：不動産を賃貸している場合で最近一般的になっているフリーレントを設定している分を発生主義でとらえて期間按分しますと、家賃が入金しない期間についても収益を認識することになりますが、通常の処理、すなわちフリーレント期間が終了後から収益認識をする通常の方式と比較すると収益が前倒しになります。この場合、会社が自ら収益を前倒しに上げたものですから、税務申告において別表減算といった調整はできず、結果として課税所得は増加することになります。もう少し詳しく説明しますと、フリーレントについては、SIC解釈指針第15号「オペレーティング・リース　インセンティブ」によれば、フリーレントのような借り手へのインセンティブはリース資産からの受取対価を構成するものとして考慮することが要求されており、インセンティブを含む賃貸収入は、リース期間を通じて定額法により認識するよう調整を行う必要があ

ります。

【②の例】：例えば、売上を出荷基準から検収（着荷）基準に変更した場合、売上の認識が一般的には遅くなりますが、税務上は出荷基準で認識しなくてはならないと思われます。その場合、その差額分は税務申告書別表において加算調整が必要になり、結果として課税所得は前と変わらないことになります。

【③の例】：固定資産の耐用年数を税務上の耐用年数より短く見積もった場合などで、税務上は税務上の耐用年数で損金扱いとされるため、その差額分は税務申告書別表において加算調整が必要になり、結果として課税所得は前と変わらないことになります。

【④について】：例えば③の反対で、耐用年数を長く見積もった場合、会社が自ら費用を少なく計上したものであるから、税務申告において損金を増やすような別表減算といった調整はできず、結果として課税所得は増加することになります。

これを見てわかるように、会計処理の変更により利益が多く出る傾向と少なく出る傾向と2つのパターンがありますが、会計と税務との調整をする別表調整においては課税所得を減らす方向の減算調整が通常認められないため、一般的には課税所得は減ることはなく、今までと変わらないか、あるいは課税所得が増加するという結果になってしまいます。

よって、個別財務諸表の処理をIFRSに合わせようとすると、一般的に税務上不利になるケースが出てきます。IFRSの合わせるための会計処理の変更により費用の早期化や収益の遅延化と

なった場合、それが税務上も認められるのであれば、税務的にもメリットがあり有利になるケースも理論的にはありえますが、実務的にはほとんどないと想定されます。

このような税務上の有利不利も勘案して、個別財務諸表をIFRSに合わせるか、それとも連結決算調整で行うかを決定する必要があると考えます。

ただし、上述した税務上の有利不利としたIFRS調整が、単に納税時期の期間ずれ、いわゆる期ズレに過ぎず、納税額が変わるわけではないことが多く、このような場合は税務上の影響は過度に考えなくてよいかもしれません。もちろん、期ズレが非常に長い期間にわたってマイナスの影響がある場合は慎重に判断すべきです。

2. 税務に影響させないようにするためのIFRS調整仕訳には税効果の検討が必要

個別財務諸表上の会計方針をIFRSに合わせると、税務に影響しますので、これを避けてすべて、あるいは重要な影響がある事項については、個別財務諸表での会計処理を変更するのではなく、連結決算を作成する際に組み換えするIFRS調整仕訳で調整を行うことも考えられます。

ただしこの場合は、単なる組替仕訳などを除いて、ほとんどのIFRS調整仕訳について、税効果を検討しなければなりません。そのため、税額計算には影響はありませんが、税効果の計算には大きな影響が生じることになります。このことは注意しなくてはなりません。

3. 過年度遡及修正への対応

　また個別財務諸表段階から会計処理を変更する場合、過年度遡及修正をすることが求められます。すなわち、日本基準のもとでも、会計方針を変更する場合、過年度遡及修正が求められることがありますが、一つか二つの変更にとどまるのが通常であるため、それほど大変ではないかもしれません。

　ところが、IFRS導入に伴って個別財務諸表の基準も変更するとなると、多くの変更につき、過年度遡及修正が必要になります（日本と同じく遡及修正が求められないケースもあります）。

　これに伴い、税務調整も必要になりますが、複数論点があると、当初の法人税申告書別表5の1での調整のほか、当該調整をどのように実現させていくかの検討もそれぞれ必要になります。

　すべての調整項目が翌期に解消すれば簡単ですが、解消するのに長期間かかるものについては、税務上の調整も大変になりますので、余裕があればこの点についても、修正内容がある程度固まった段階で顧問税理士等に確認をしてもらうのがよいと思います。

Point13

IFRSに合わせたITシステム導入の検討とITシステム導入前にできるIFRS調整の簡略化の工夫

本書では、IFRS導入に際し、できるだけ効率的にかつコストがかからずに、ということを目指しています。よって、本書が想定している会社のようなケースでは、IFRSに合わせたシステムの変更を必ずしも前提とはしていません。まずは、スプレッドシートによる管理で十分対応できるかどうか検討すべきかと思います。

ただし、調整が必要となる取引件数が数千件以上となるような場合は、スプレッドシートによる管理ではかえって不効率であるため、この場合はシステム化を考慮に入れる必要があります。

【イメージ】
日々の業務　→単体決算（日本基準）
　　　　　　　→IFRS調整　→連結決算（IFRS）
　　　　　　　　　↓
　　ポイント（IFRS調整をシステム化するかどうかの検討）

---

1. 工夫次第で大幅にIFRS調整を簡略化できる

別の項でも触れましたが、例えば出荷基準を検収基準にする場合、IFRSに合わせて単体決算における収益認識も検収基準

とし、日々の業務すべてを検収基準にするとするならば、内部統制の変更や契約条件の変更、また対応するシステム改修等と多大な影響があります。それに対して、日々の業務は従来通り出荷基準にし、期末日前後の取引のみ決算調整で検収基準にすることが可能であれば、上記のようにIFRS導入に対する特別の対応はほとんど不要となります。仮に単体決算における日本基準の収益認識を出荷基準のままとし、連結決算対応としてIFRS調整仕訳として検収基準に組み替えるような場合においても、日々の業務は出荷基準として連結決算時のIFRS調整での対応となります。

IFRS調整の簡略化として、例えば、次のようなことも考えられます。

① 当初の借入金の金額と満期における借入金の金額が同じであり、また定期的に元利返済または利息の支払いがなされるケースで、最初に実効金利を計算し、実効金利≒約定金利となっているものについては、通常の借入金の元本返済及び利息の支払い処理結果は償却原価法を適用した場合とほぼ同じ結果になると予想されるため、処理を変更しない。

② 1年以内に決済される金融資産、負債については簿価≒時価と考えて、調整しない。

③ 償却原価法において実効利子率を使った計算が必要な場合でも、定額法を採用する。

④ 初度適用の免除規定をうまく利用して、最初の調整をできるだけ少なくする。

⑤ 在外子会社がドル建ての決算を表示通貨である日本円に換

算する際、取引日のレートではなく期中平均レートを使用する。

なお、IFRS調整仕訳起票後から、IFRSの表示への組み替えまでは通常の連結決算とほぼ同じ作業となるため、これらの作業については特段問題になることはないと思います。

2. その他の税法、例えば、消費税との関連にも留意

例えば、収益の認識について個別財務諸表の段階において純額表示で起票するような対応を行った場合、会計上はその処理で適正だとしても、消費税法上、総額での計算が必要である場合は、問題が生じてしまいます。このようなケースでは、IFRS調整仕訳により連結決算のみ純額表示するか、個別財務諸表もIFRSに従って純額表示するが、税務上は別途、総額で計算することも考えられます。法人税以外のその他の税法との関係にも注意が必要です。もし、ITシステム導入をするとしても、このような税法との関係も意識することが求められます。

Point14
経理規程・マニュアルの改訂

第3編第1章において、マニュアルの作成についてはその後のメンテナンスも考えて作成すべきであると述べましたが、IFRS導入にあたり内部統制の変更を余儀なくされる箇所は修正が必要

になりますが、内部統制関連として影響が大きいのは経理規程・マニュアル関係でしょう。

　もちろん単体決算は日本基準で作成していくわけですから、形式的にはまずは単体決算に合わせた経理規程・マニュアルが存在し、その上で連結決算用の経理規程・マニュアルという建て付けになります。しかしながら、全く２つの経理規程・マニュアルを持つということは現実的でないため、日本基準の経理規程・マニュアルの中に連結に必要なIFRS対応の規程・マニュアルを用意するというスタイルになるかと思います。

1. 従来の具体的な数値基準についてはどうするのか

　差異がある箇所について、マニュアルに織り込むことは難しくないと思いますが、問題は日本基準で具体的な数値基準がある箇所です。例えば次のような箇所があります。
① 固定資産の減損の兆候の50％基準
② リースの90％基準
③ 有価証券の減損の50％基準あるいは30～50％基準など

　これらについてはIFRSになったからといって、直ちに認められなくなるものではありません。特に単体決算における日本基準においては引き続き利用していくわけですから、できるだけこれらの数値基準もIFRSの中でも生かしていきたいところです。これらの基準は実務上も定着しており、それなりに説得力がありますので、従来の数値基準をベースに実態判断を付け加えるようにすることも考えられます。これも、多くのケースでは監査人との協議によりその妥当性を確認する必要がある項目です。

2. 規程、マニュアルの整備の注意点

　IFRS対応の規程・マニュアルについてですが、これは詳細に作れば作るほど、ほとんどIFRSの基準そのものになってしまうおそれがあります。自社に関係のない基準を除いて、IFRSの基準に近くすれば、確かに網羅性、正確性の観点からは申し分ないといえますが、これでは改めて規程・マニュアル化する意味はありません。

　さらに、IFRSアップデートのたびにメンテナンスも必要になるため、余計な作業とコストばかり増えてしまうことになりかねません。そのため、単体決算の日本基準用の規程、連結決算のIFRS用の規程、と2つの規程・マニュアルとならないように次のようにするのが現実的だと考えます。

　① IFRS調整仕訳が必要な差異があるところを中心に作成する。

　これは現時点で差異は生じていなくても、特定の条件下で差異となり、かつIFRS調整が必要になると考えられる部分も含みます。

　② 減損の規定や、重要性の基準など、自社で決定しなければならない部分について規程・マニュアルを整備する。

　また関連するシステムやスプレッドシート、連結パッケージなどのマニュアルも合わせて整備するのがよいでしょう。

　この方式だと、残りの部分はIFRSの基準を参照することになります。実務上、この方法で問題ないと思いますが、仮に足りないというところがでてきたら、随時その箇所のみ規程・マニュア

ルの整備をすればよいと考えます。

3. IFRS 用連結パッケージの作成

　マニュアルの整備のほかに、IFRS 用の連結パッケージを工夫することにより、マニュアルを兼ねた連結パッケージにすることも考えられます。例えば、会社が決めた数値基準を連結パッケージに記載しておき連結パッケージに入力していけば、これらの判定も同時にできるようなシートにすれば、入力側が別の規程やマニュアルを参照しながら作成するよりも、ミスを減らすことができるようになります。またチェックする側も、入力された数値の妥当性のみならず、判断の妥当性も同時に検証することができるようになり、正確性、効率性の面からもこの方法を検討してみることをお勧めします。

　また、日本基準による連結財務諸表を作成してから、IFRS 調整仕訳により IFRS 用連結財務諸表を作成するパターンの場合は、日本基準によった場合と IFRS によった場合の両方を記載させることになります。

　連結パッケージを取り込んで、後は連結システム側で自動的に連結決算仕訳等を生成するのでしたら不要ですが、IFRS 調整仕訳を手作業で起票する場合は、仕訳の数値部分に計算式を入力しておくことにより、日本基準と IFRS の差異のデータから自動で集計されて IFRS 調整仕訳になるように工夫するのがよいでしょう。

4. 検討しなければならない事項のチェックリストを作成しておく

　従来の日本基準のもとでも、多くの会社が会計上の論点につき、検討しなければならない事項のチェックリスト等を作成していたと思います。IFRSでは日本基準のもとで要求されている様々な検討事項と比べてより多くの検討すべき事項があります。

　例えば、適格資産に対しては借入費用の資産化が求められていますが、適格資産かどうかの検討、資産化の開始と終了時期の妥当性の検討、借入費用の範囲の妥当性の検討、資産化率を使った資産化の計算の妥当性の検討など、これ一つの論点だけで多くの検討すべき追加事項がでてきます。

　そのため、規程またはマニュアルで検討すべき諸事項を記載していたとしても、これらとは別途、検討しなければならないチェックリスト一覧を作成するのがよいでしょう。これらのチェックリストは、IFRS対応の内部統制の面でも有効であると考えられますので、内部統制報告制度の観点からも作成が望ましいと考えます。

Point15
その他、会社内部のいろいろな現場の声を聞くのも大切

　IFRS導入プロジェクトを進めるにあたり、会社内部のいろいろなセクションの実際の現場担当者の作業が発生するのは、か

なりプロジェクトが進行してからになると思われます。

　日本基準とIFRSの差異分析や、その差異を調整していく方法の検討などは、経理部や経営企画室などが中心となり、それに各セクションの責任者などは関与して進めていくものと思われますが、実際の業務を行っている現場担当者は必ずしも関与するとは限りません。

　ところが日々の実務を実際に行っているのは、現場担当者であるため、それまで誰も気付かなかった論点や問題点、またいいアイデアが浮かぶこともあります。これによって、現場作業の効率化のみならず、IFRS導入の精緻化も図られるため、積極的に現場の声も聞く姿勢が大切です。

■執筆者紹介

柳澤　義一（やなぎさわ　ぎいち）

[執筆担当] 第2編・第3編
新創監査法人統括代表社員・公認会計士・税理士
《略歴》
昭和31年生まれ、東京都出身
昭和54年　慶応義塾大学経済学部卒
昭和60年　公認会計士及び税理士登録、柳澤公認会計士事務所開業
平成12年　新創監査法人を設立
現在、新創監査法人統括代表社員、日本公認会計士協会東京会会長並びに本部副会長、日本内部統制研究学会理事など要職を歴任
著書:「会社の数字を読み解くルール」(明日香出版社)、他著書多数

相川　高志（あいかわ　たかし）

[執筆担当] 第2編・第3編
新創監査法人代表社員・公認会計士
《略歴》
昭和45年生まれ、東京都出身
平成5年　慶応義塾大学経済学部卒
平成9年　公認会計士第二次次試験合格
平成13年　新創監査法人入所
平成15年　公認会計士登録
現在、新創監査法人代表社員、日本公認会計士協会IFRS特別委員会委員

加藤　厚（かとう　あつし）

[執筆担当] 第1編第1章・第4章・第5章
公認会計士
《略歴》
昭和18年生まれ、東京都出身
昭和43年　中央大学商学部卒業
昭和42年　税理士試験合格
昭和43年　税理士事務所開業
昭和50年　公認会計士試験合格
昭和46年10月～平成19年2月　監査法人のパートナー及び代表社員等
　　　　　　　（クーパース＆ライブランド、中央青山監査法人、あらた監

査法人、等)
平成19年2月～平成20年12月　コントロール・ソリューションズ・インターナショナル(株)代表取締役社長
企業会計基準委員会(ASBJ)委員
　　平成13年7月～平成19年3月　非常勤委員
　　平成21年4月～平成24年3月　常勤委員/副委員長
現在：国際会計士倫理基準審議会(IESBA)ボードメンバー
過去：日本公認会計士協会常務理事、企業会計審議会臨時委員及び幹事、国際会計基準委員会(IASC)金融商品起草委員会委員、日本監査研究学会理事、等を歴任
著書：「新会計基準の完全解説－IOSCOの影響と更なる制度改革の方向」(中央経済社)、他多数

弥永　真生 (やなが　まさお)

[執筆担当] 第1編第2章・第3章
筑波大学大学院ビジネス科学研究科教授
《略歴》
昭和36年生まれ　東京都出身
昭和57年　公認会計士第二次試験合格
昭和59年　明治大学政治経済学部卒業
昭和61年　東京大学法学部第1類〔私法コース〕卒業
昭和61年　東京大学法学部助手
その後、筑波大学社会科学系講師及び助教授を経て現職(平成27年4月よりビジネスサイエンス系長)
著書：近著としては、「会計基準と法」(中央経済社、2013)、「会計監査人論」(同文舘、2015)などがある。他著書多数

新創監査法人

(東京都中央区銀座7-14-13〒104-0061　http://www.shinsoh.co.jp/)
上場会社、IPO、学校法人、非営利法人等幅広い分野で監査業務を中心に行っている。スタッフ40名程度の中小規模の監査法人であるが、公認会計士の常勤体制を基本とし、独自に品質管理体制を構築している。日本公認会計士協会上場会社監査事務所名簿登録事務所。中小監査法人としては日本でのIFRS任意適用会社監査の第一号。

さて、IFRS を導入する！
導入して気づく実務のポイント

2015年8月1日　発行

著　者	柳澤義一・相川高志・加藤　厚・弥永真生 ⓒ
発行者	小泉　定裕
発行所	株式会社 清文社 東京都千代田区内神田1-6-6（MIFビル） 〒101-0047　電話 03(6273)7946　FAX 03(3518)0299 大阪市北区天神橋2丁目北2-6（大和南森町ビル） 〒530-0041　電話 06(6135)4050　FAX 06(6135)4059 URL http://www.skattsei.co.jp/

印刷：藤原印刷㈱

■著作権法により無断複写複製は禁止されています。落丁本・乱丁本はお取り替えします。
■本書の内容に関するお問い合わせは編集部まで FAX(03-3518-8864) でお願いします。

ISBN978-4-433-57425-3